NIVEAU 2 bis

仏検準2級準拠［頻度順］フランス語単語集

川口 裕司
國末 薫

駿河台出版社

音声について

本書の音声は、下記サイトより無料でダウンロード、およびストリーミングでお聴きいただけます。

https://stream.e-surugadai.com/books/isbn978-4-411-00572-4/

＊ご注意
- PC からでも、iPhone や Android のスマートフォンからでも音声を再生いただけます。
- 音声は何度でもダウンロード・再生いただくことができます。
- 当音声ファイルのデータにかかる著作権・その他の権利は駿河台出版社に帰属します。無断での複製・公衆送信・転載は禁止されています。

Design: dice

公益財団法人フランス語教育振興協会許諾出版物

まえがき

　フランス語教育振興協会は，実用フランス語技能検定試験（以下仏検）の準2級レベルを，300時間以上のフランス語学習を終えたレベルと定義しています．これは大学の3年修了程度のフランス語力になります．

　このシリーズでは，これまで，『準1級』，『2級』，『3級』，『4・5級』が出版されています．この『準2級』は5冊目になります．

　本書を作成するにあたって，著者の國末が過去11年間*の問題と解答を全てデータ化し，出てきた単語の頻度を調査し，見出し語を選定するための基礎データとしました．続いて，川口と國末が，仏検2級と3級との重複がないよう配慮しながら，基礎データの中から，見出し語として選ぶべき単語について検討しました．基礎データを整理する過程で，準2級には2級・3級と重なる単語がとても多く含まれていることがわかりました．見出し語は全部で539項目になりました．それらを頻度順にPARTIE 1からPARTIE 4の4段階に分けました．仏検2級や3級の単語集とは異なり，PARTIE 1からPARTIE 4に含まれる単語の頻度が相対的に低くなっているのは，できるだけ準2級に現れる単語を見出し語として選ぼうとしたからです．その結果，熟語・慣用句がたくさん含まれています．また，いくつかのコラムを設け，頻度を調査した結果と主な品詞との関係について，簡単な解説を添えておきました．

　長年フランス語を教えてきて，学生たちから仏検2級が1つの

---

*2011年から2021年までの11年間．但し2020年は，コロナ感染症のため秋季のみ．

関門になっているという声をよく聞きます．確かに3級と2級の間には，少し越えにくいハードルがあるように思います．本書は3級に合格したものの，すぐに2級にチャレンジするのがちょっと不安な方，あるいは着実にステップアップしながら進んで行きたいと考えている方に最適です．語彙力というのは重要な言語能力の一つです．そしてそれは時間をかけて養われて行くものです．本書を利用することが，仏検2級へのスムーズな橋渡しになれば，著者たちの目的は達成されたと言えるでしょう．

　最後になりますが，本書の編集と校正においてお世話になりました駿河台出版社の上野名保子さんに，この場をお借りしてお礼申し上げます．

2024年7月

著者を代表して

川口　裕司

目　次

PARTIE 1	過去11年間で頻度7回以上の語 001-071	p.1
PARTIE 2	過去11年間で頻度6〜4回の語 072-179	p.29
PARTIE 3	過去11年間で頻度3〜2回の語 180-340	p.65
PARTIE 4	過去11年間で頻度1回の語 341-539	p.111

1 よく出る副詞　　　　　　　　　　　　　　　　　　　　p.28
2 よく出る前置詞と接続詞　　　　　　　　　　　　　　　p.64
3 よく出る動詞と活用形　　　　　　　　　　　　　　　　p.110

品詞記号

男 男性名詞	女 女性名詞	代 代名詞	動 動詞
代動 代名動詞	形 形容詞	副 副詞	間投 間投詞
接 接続詞	熟・慣 熟語・慣用表現		

☆☆☆ PARTIE 1

71 mots
001-071

過去 11 年間で頻度 7 回以上の語

★★★ 001-003　トラック 2

an
[アン]
□□ 001

男 年, 歳

à la main
[ア ラ マン]
□□ 002

熟・慣 手に

prendre
[プらンドる]
□□ 003

動 行う, 講じる

動 (写真などを) 撮る

動 (時間を) かける

動 (習慣などを) 身につける

prendre A pour B

熟・慣 A を B と取り違える

Depuis l'**an** dernier, Takuya discute souvent de son avenir avec son père. (12秋)	去年からTakuyaは父親と将来についてしばしば話しています.
Tu connais la dame qui tient une pomme **à la main** ?	手にリンゴを持っている女性を知っているかい?
La municipalité **a pris** diverses mesures pour que les jeunes viennent s'installer dans le village. (21春)	市町村は若者が移住するために, 様々な対策を講じてきました.
En utilisant cette application, vous pouvez facilement mettre en ligne les photos que vous **avez prises**.	このアプリケーションを使うことで, 撮った写真を簡単にアップロードすることができます.
Prenez votre temps, je ne suis pas pressé !	ゆっくり時間をかけてください, 急いでいませんから!
Il est important de **prendre** l'habitude de se brosser les dents dès le plus jeune âge.	幼少期から歯磨きの習慣を身につけることは重要です.
Monsieur, je crois que vous me **prenez** pour quelqu'un d'autre. (21秋)	先生, 私を誰かと勘違いしていると思います.

★★★★ 004-007 トラック 3

plus de
[プリュ(ス) ドゥ]
□□ 004

plus de +数詞
熟・慣 ~以上の

plus de +名詞
熟・慣 より多くの

décider
[デスィデ]
□□ 005
動 決める

décider de +不定詞
熟・慣 ~するのを決める

décider de +名詞
熟・慣 決定する

chose
[ショーズ]
□□ 006
女 物, 事柄

passer
[パセ]
□□ 007
動 (時を) 過ごす

Ça va ? Ça fait **plus de** trois ans qu'on ne s'est pas vus. (21秋)	元気? もう3年以上会ってなかったよ.
J'ai besoin de **plus de** temps pour finir cette interrogation écrite.	この筆記試験を終えるには, より多くの時間が必要です.
Est-ce que tu **as** déjà **décidé** la date de ton départ ?	もう出発の日にちを決めたの?
À cause de la grippe aviaire, les agriculteurs **ont décidé d'**élever le prix des œufs.	鳥インフルエンザの影響で, 農家は卵の値上げを決めました.
Vous pouvez **décider du** prix de vente de votre illustration.	あなたは自分のイラストの販売価格を決めることができます.
J'ai une **chose** à vous demander. (18秋)	お聞きしたいことが一つあります.
D'après un sondage, les personnes âgées **passent** plus de temps devant la télé que les jeunes.	ある調査によると, 高齢者のほうが若い人よりもテレビを見て過ごす時間が長いそうです.

★★★★ 007-012　トラック 4

動 試験を受ける

se trouver
[ス トゥるヴェ]
008

代動 いる，ある

plaire
[プレーる]
009

動 気に入る

même
[メム]
010

代 同じもの

parler de ...
[パるレ ドゥ]
011

熟・慣 ～について話す

tenir
[トゥニーる]
012

動 持つ

動 経営する

tenir à ...

熟・慣 ～を大切に思う

007-012 ★★★

Aujourd'hui, on offre beaucoup plus d'occasions de **passer** un examen en ligne.	今日では，オンラインで試験を受ける機会がずっと多くなっています．
Vous savez où **se trouve** la réception ?	受付はどこにあるかご存知ですか？
Cet homme cherche à **plaire** à son patron.	あの男はオーナーに気に入られようとします．
— J'ai acheté ce chapeau hier. — Il est joli ! Je voudrais le **même**. (16 秋)	—昨日，この帽子を買いました． —素敵ですね！ 私も同じのが欲しいです．
Ah, je crois que j'ai déjà entendu **parler de** cette organisation.	ああ，この組織について話しているのを聞いたことがあると思います．
Il **tient** son parapluie à la main. (13 秋)	彼は手に傘を持っています．
Les parents de Ninon **tiennent** un café au centre de Lille.	ニノンの両親は，リールの中心部でカフェを経営しています．
Nous **tenons** beaucoup **au** pays où nous avons passé notre enfance.	私たちは，幼少期を過ごした国のことを大切に思っています．

Partie 1 (001-071)　7

★★★ 013-017 トラック 5

collègue
[コレグ]
013
男 女 同僚

faire
[フェーる]
014
動 (数量が) 〜になる

faire +不定詞
動 〜させる, 〜してもらう

tout de suite
[トゥ ドゥ スュイット]
015
熟・慣 すぐに

aller
[アレ]
016
動 似合う

aller +不定詞
動 〜しに行く

bien
[ビャン]
017
副 順調に, うまく

熟・慣 では

Il déjeune toujours avec ses **collègues**.	彼はいつも同僚たちと昼食を食べます.
Incroyable ! Ça **fait** 15 ans qu'on ne l'a pas vu. (19秋)	信じられない! 彼に会っていなくて 15 年になる.
Dans cette visite, nous vous **ferons** découvrir le charme du château.	今回の見学では, あなた方にこの城の魅力を発見してもらうつもりです.
La nouvelle étudiante s'est **tout de suite** fait des amis.	その新入生はすぐに友達を作りました.
Je pense que les cheveux courts t'**iront** bien aussi. (15秋)	君にはショートヘアも似合うと思うよ.
Ma grand-mère fait du vélo pour **aller** faire ses courses.	祖母は自転車に乗って買い物に行きます.
— Tu vas **bien** ? — Ça fait déjà un mois que je suis arrivé en Belgique.	—元気? —ベルギーに来てからもう 1 か月になるよ.
Bien, madame. Vous voulez une robe de quelle couleur ? (15秋)	では, 奥様. 何色のドレスがご希望ですか?

★★★★ 017-020　トラック 6

si bien que
熟·慣 その結果，したがって

faire du bien (à ...)
熟·慣 (〜の) ためになる

car
[カーる]
□□ 018
接 〜だから

succès
[スュクセ]
□□ 019
男 成功

donner
[ドネ]
□□ 020
動 (講義・講演などを) 行う

動 伝える

動 生み出す

donner sur ...
熟·慣 〜に面している

Les cookies retiennent vos informations, **si bien que** vous pouvez ensuite accéder à des informations personnalisées.	クッキーは，あなたの情報を保持し，したがって，次からは自分に合った情報にアクセスできるようになります．
Je pense que cette expérience **m'avait** aussi **fait du bien**.	この経験も自分のためになったと思っています．
C'est une grande chance, **car** elle sera directrice du bureau. (14春)	これは大きなチャンスです．彼女は支店長になるのですから．
La voiture volante obtiendra-t-elle du **succès** ?	空飛ぶ車は成功するでしょうか？
Ces derniers temps, je **donne** des cours de français au lycée.	ここ最近，私は高校でフランス語の授業を行っています．
Nous écoutions attentivement les informations sur le séisme **données** à la télé.	私たちはテレビで伝えられている地震のニュースを注意深く聞いていました．
Cet arbre **a donné** des fruits cet automne ? (11春)	この木は今年の秋，実がなったのでしょうか？
La chambre qui **donne sur** la mer est plus chère.	海に面した部屋はより料金が高いです．

★★★ 021-025 トラック 7

grand(e)
[グラン(ド)]
□□ 021

形 主要な, 重大な

形 偉大な

manquer
[マンケ]
□□ 022

manquer à ...
熟・慣 〜が懐かしい

manquer de ...
熟・慣 〜が足りない

il manque
動 欠けている

à côté de ...
[ア コテ ドゥ]
□□ 023

熟・慣 〜の隣に

emmener
[アンムネ]
□□ 024

動 連れて行く

trouver
[トゥるヴェ]
□□ 025

動 思う

021-025 ★★★

La **grande** chaîne américaine de cafés Astre a un grand succès dans le monde. (17 春)	アメリカの主要なコーヒーチェーン，アストルは世界中で大成功を収めました．
Beaucoup de personnes ont été attirées par le **grand** acteur américain.	多くの人がアメリカの偉大な男優に魅了されました．
La vie d'étudiante au Japon **manque à** Morgane.	日本での留学がモルガーヌには懐かしいです．
Elle **manque** complètement **de** patience. (12 秋)	彼女は忍耐力が全く足りません．
Il manque Mathieu, où est-il passé ?	マチューがいない，どこに行ったんだろう？
Combien d'arbres y a-t-il **à côté de** la maison ? (21 秋)	家の隣に木は何本ありますか？
Tout de suite on m'**a emmené** chez le médecin.	私はすぐに医者に連れて行かれました．
Comment **trouves**-tu ce gilet ?	このカーディガンはどう思う？

Partie 1（001-071）　13

★★★ 025-030 トラック 8

trouver que ...
動 ～と思う

celui +関係代名詞
[スリュイ]
026
代 (前の名詞を指して) ～のもの

celui/ceux +関係代名詞
027
代 (前の名詞なしに) ～の人

retraite
[るトれット]
028
女 退職

prendre sa retraite
熟・慣 退職する

venir +不定詞
[ヴニーる]
029
動 ～しに来る

banque
[バンク]
030
女 銀行

La majorité des Français **trouve que** la chasse pose des problèmes de sécurité.	大多数のフランス人は，狩猟は安全性に問題があると考えています．
Ce film est **celui** dont je t'ai parlé hier !	この映画は，昨日お話ししたものです！
Pour **ceux** qui s'intéressent à la participation à notre prochain événement, veuillez remplir le formulaire suivant.	次回のイベントに参加を希望される方は，以下のフォームにご記入ください．
Qui sera concerné par cette réforme des **retraites** ?	この退職制度改革で影響を受けるのは誰でしょうか？
Monique **a pris sa retraite** l'année dernière. (19秋)	モニックは去年退職しました．
Attends-moi au bureau. Je **viendrai** te chercher en voiture. (11春)	会社で待っててね．車で迎えに来るから．
Les employés de la **banque** ont été attaqués par une bande de malfaiteurs.	銀行の行員が犯罪者集団に襲われました．

★★★★ 031-038　トラック 9

de plus en plus　熟・慣 ますます
[ドゥ プリュ ザン プリュ(ス)]
□□ 031

quelque chose
[ケルク ショーズ]　熟・慣 何か
□□ 032

tous les ＋名詞　熟・慣 ～毎に
[トゥ レ]
□□ 033

un jour　熟・慣 いつか
[アン ジューる]
□□ 034

comme　接 ～なので
[コム]
□□ 035

malheureusement
[マルうるズマン]　副 残念ながら
□□ 036

monde　男 世界
[モンド]
□□ 037

noir(e)　形 黒い
[ノワーる]
□□ 038

Aujourd'hui, il y a **de plus en plus** de Français qui mangent des aliments cultivés près de chez eux. (15春)	この頃，身近なところで栽培された食材を食べるフランス人がますます増えています．
Est-ce qu'il y a **quelque chose** à faire avant le début des cours d'espagnol ? (18秋)	スペイン語コースが始まる前に何かしておくことはありますか？
Maëva fait de la plongée **tous les** mardis.	マエヴァは毎週火曜日にダイビングをします．
Nous ne pouvons pas imaginer que l'électricité manquera **un jour**.	いつか電力が不足するということは想像できません．
Comme tous les médecins sont fermés, nous ne pouvons que rester à la maison.	お医者さんが全部休みなので，私たちは家にいるしかありません．
Malheureusement, je ne pouvais pas acheter de billets sur Internet.	私は残念ながらネットでチケットを買えませんでした．
Tu découvriras un autre **monde** en apprenant une langue étrangère.	外国語を学ぶと，別の世界を発見することができるよ．
Elle est souvent en robe **noire** depuis la mort de son ami.	恋人が亡くなってから彼女はしばしば黒い服を着ています．

★★★★ 039-043　トラック10

absolument
副 絶対に

[アプソリュマン]
039

au contraire
熟・慣 反対に

[オ コントれーる]
040

entrer
動 入学する

[アントれ]
041

fruit
男 果物

[フりュイ]
042

fruits de mer
熟・慣 男 (複数形で) 海の幸

malgré
前 〜にもかかわらず

[マルグれ]
043

malgré moi
熟・慣 思わず

malgré cela
熟・慣 それにもかかわらず

039-043 ★★★

On ne peut **absolument** pas admettre la décision du gouvernement.	絶対に政府の決定は認められません.
— Vous n'aimez pas les fromages ? — Non, **au contraire**, j'adore !	—チーズは好きではないですか？ —とんでもない，逆に大好きです！
Gaspard va **entrer** en première année dans cette université.	ガスパールはこの大学の1年生に入学します.
Ils évitent ainsi les **fruits** et les légumes qui arrivent de très loin. (15 春)	こうして彼らは遠方から来る果物や野菜を避けます.
On déguste les **fruits de mer** de la région.	私たちはその地方の海の幸を味わいます.
Il est allé au travail **malgré** la fièvre. (13 秋)	熱があるにもかかわらず，彼は仕事へ行きました.
Malgré moi, j'ai dit la vérité.	思わず，私は本当のことを言ってしまいました.
Malgré cela, il en reste encore 40 000 en France. (14 秋)	（放射性物質を使った避雷針の販売と設置は禁止されている）それにもかかわらず，フランスにはまだ4万本あるのです.

★★★★ 044-048　トラック11

arriver 動 起きる
[アリヴェ]
□□ 044

arriver à +不定詞
熟・慣 ～できる

ça arrive
熟・慣 よくある

cependant 接 しかしながら
[スパンダン]
□□ 045

de temps en temps
[ドゥ タン ザン タン] 熟・慣 時々
□□ 046

mieux
[ミュ]
□□ 047

aller mieux
熟・慣 (調子が) よくなる

il vaut mieux que
熟・慣 ～の方がよい　＊que以下は接続法

printemps 男 春
[プランタン]
□□ 048

Qu'est-ce qui t'**est arrivé** ? Tu es pâle !	何があったの？ 顔色が悪いよ！
À cause de la caféine, Pierre n'**arrive** plus **à** dormir.	カフェインのせいで，ピエールは眠れません．
Tu sais, une éclipse de soleil, **ça** n'**arrive** pas souvent. (18秋)	日食なんて滅多に起きないでしょ．
Lucile est aimée par tous, **cependant** elle ressent de la solitude certaines fois.	リュシルは，みんなに愛されていますが，時折寂しさを感じることがあります．
De temps en temps, je parlais avec des personnes travaillant dans des ONG.	私は時々，NGO で働く人たちと話をしていました．
Tu **iras mieux** si tu te reposes un peu. (20秋)	少し休めばよくなるよ．
Il vaut mieux que tu dises la vérité.	君は本当のことを言ったほうがいいよ．
Le **printemps** est la saison des cerisiers en fleur.	春は桜の咲く季節です．

★★★★ 049-056 トラック12

admirer
[アドミれ]
□□ 049
動 見とれる

aimer +不定詞
[エメ]
□□ 050
動 〜したい

avenir
[アヴニーる]
□□ 051
男 将来

chez
[シェ]
□□ 052
前 〜の店で，〜屋で

collège
[コレージュ]
□□ 053
男 中学校

de plus
[ドゥ プリュス]
□□ 054
熟・慣 さらに，その上

lecture
[レクテューる]
□□ 055
女 読書；閲覧

nombre
[ノンブる]
□□ 056
男 数

Mon fils **admire** les grands animaux comme les ours.	息子は熊のような大型動物に見とれています．
Mais il fait si chaud que j'**aimerais** bien essayer les cheveux plus courts. (15秋)	けれども，あまりにも暑いので，私はショートカットを試してみたいです．
Encore très jeune, cette chanteuse a un bel **avenir** devant elle.	まだとても若いが，この歌手には，明るい未来があります．
Je vais **chez** le coiffeur tous les trois mois.	3か月に1回，私は美容院に行っています．
La cantine de ce **collège** n'est pas très grande.	その中学校の食堂はあまり大きくありません．
En achetant des aliments locaux, on respecte la nature. **De plus**, on connaît mieux la qualité des choses qu'on achète. (15春)	地元の食品を買うことで，自然を尊重することができます．さらに，自分が買うものの品質について，もっとよく知ることができます．
Une salle d'étude est située à côté de la salle de **lecture**.	自習室は閲覧室の隣にあります．
Le **nombre** d'élèves diminue surtout dans les petites villes.	生徒の数がとくに小さな町で減っています．

★★★★ 057-064　トラック13

par jour
[パる ジューる]
057
熟・慣 1日につき

tête
[テット]
058
女 頭

tout à fait
[トゥタフェ]
059
熟・慣 全く，その通り

dos
[ド]
060
男 背中

en plus
[アン プリュス]
061
熟・慣 加えて

enlever
[アンルヴェ]
062
動 脱ぐ

exactement
[エグザクトマン]
063
副 まさに

goût
[グ]
064
男 味(覚)

Pour vivre en bonne santé, mangez cinq fruits et légumes **par jour**.	健康的な生活を送るためには，1日に果物と野菜を5つ食べてください．
Nicolas n'arrive pas à bien dormir à cause d'un mal de **tête**.	ニコラは，頭痛のせいでよく眠れません．
— Il y a quelque chose de spécial à cette période ? — **Tout à fait**. (16 秋)	—この時期に何か特別なことがあるの？ —その通りさ．
À midi, Jean a surtout mal aux bras et au **dos**. (21 秋)	お昼にジャンは腕と背中がとくに痛みます．
Pour obtenir une bonne note, il faudrait écrire des commentaires **en plus** de répondre au questionnaire.	良い点数を取るためには，質問事項に答えることに加えて，コメントも書く必要があるでしょう．
Il faut **enlever** ses chaussures avant d'entrer dans une maison japonaise.	日本の家屋に入るときは靴を脱がなければなりません．
C'est **exactement** ce que je voulais dire.	私が言いたかったのはまさにそれなんです．
Jade a perdu le **goût** et l'odorat à cause de la COVID-19.	ジャッドはコロナのせいで味覚と嗅覚を失くしました．

★★★ 065-071 トラック14

par an
[パーらン]
□□ 065
熟・慣 一年につき

patience
[パスィヤンス]
□□ 066
女 我慢, 忍耐

patron
[パトろン]
□□ 067
男 オーナー

peindre
[パンドる]
□□ 068
動 絵を描く

reconnaître
[るコネートる]
□□ 069
動 それと分かる, 見分ける

動 認める, 認識する

se passer
[ス パセ]
□□ 070
代動 起こる, 行われる

suffire
[スュフィーる]
□□ 071
動 十分である

ça suffit
熟・慣 もうたくさんだ

Ces réunions se tiennent d'habitude quatre fois **par an**.	これらの会議は通常，年に4回開催されます．
Il faudra avoir de la **patience** pour faire ce travail. (18秋)	この仕事をするには忍耐が必要でしょう．
Le **patron** de la pâtisserie m'a proposé de travailler avec lui.	お菓子屋のオーナーは私に一緒に働くよう提案してくれました．
J'allais souvent à la montagne pour **peindre** des paysages.	私は風景を描くためにしばしば山に行っていました．
Les visiteurs apprennent à **reconnaître** les fleurs par leur odeur.	来場者は，香りを頼りに花を見分けることができるようになります．
Sylvie et Julien **ont reconnu** leurs difficultés dès le début. (18春)	シルヴィとジュリアンは，当初から自分たちの困難を認識していました．
Pour que cette séparation **se passe** bien, il est nécessaire que les parents parlent de la colonie de vacances à l'enfant avant son départ. (13秋)	（親との）別れがうまくいくためには，出発前に親が子供にホリデーキャンプについて話すことが必要です．
La grève ne **suffira** pas pour résoudre ce problème.	ストはこの問題を解決するのに十分ではないでしょう．
Ah non, **ça suffit**, tes excuses !	やめろ，言い訳はもうたくさんだ！

１ よく出る副詞

準２級の試験によく出る副詞には，以下のものがあります．

・否定の ne と pas はもちろん最も頻度が高いです．
・比較を表す plus は，moins よりもずっとたくさん出てきます．
・次に頻度が高いのは，程度や頻度を表す副詞で，très「とても」，beaucoup「たいへん」(73 回は beaucoup de ＋ 名詞)，bien「とても」(10 回は bien sûr)，souvent「しばしば」，aussi「～もまた」，trop「あまりに」などです．

    Le nombre des candidats a *beaucoup* augmenté. (beaucoup の位置に注意) (2013 春)

    L'employée qui a parlé à Joséphine était *aussi* grande qu'elle. (比較を表す) (2019 秋)

・時を表す副詞としては，toujours「いつも」，aujourd'hui「今日」，maintenant「今」，déjà「すでに」，alors と là「その時」，hier「昨日」，demain「明日」を覚えておきましょう．

    (...) mais c'était *déjà* trop tard. (話し言葉で程度を強調します) (2011 秋)

最後に，上記以外の副詞も覚えておきましょう．encore「まだ」，peu「少し」(9 回は peu de ＋ 名詞)，jamais「決して～ない」，surtout「とくに」，longtemps「長い間」(8 回は depuis longtemps) です．

    Prononcez *encore* ce mot.（「もう一度」の意味）(2015 秋)

    un moyen *peu* important（「あまり～ではない」の意味）(2016 春)

    Jean, qu'est-ce qu'il aime *surtout* faire ?（よく出る言い方）(2015 春)

    Ça fait *longtemps* que je n'y suis pas allé.（よく使う言い方）(2021 春)

副詞	出現数	副詞	出現数	副詞	出現数	副詞	出現数
ne (n')	395	**toujours**	51	**maintenant**	38	**hier**	33
pas	306	**alors**	48	**déjà**	36	**jamais**	31
plus	185	**souvent**	47	**là**	36	**surtout**	28
très	118	**aussi**	43	**trop**	35	**longtemps**	25
beaucoup	109	**aujourd'hui**	40	**encore**	33	**demain**	25
bien	87	**moins**	38	**peu**	33		

(表では出現数が 25 回以上の単語を載せています．)

PARTIE 2

108 mots
072-179

過去11年間で頻度6〜4回の語

★★★ 072-079　トラック15

bien que
[ビャン ク]
☐☐ 072

熟・慣 ～にもかかわらず

＊que 以下は接続法

célèbre
[セレブる]
☐☐ 073

形 有名な

commander
[コマンデ]
☐☐ 074

動 注文する

construire
[コンストりュイーる]
☐☐ 075

動 建築する

de moins en moins
[ドゥ モワン ザン モワン]
☐☐ 076

熟・慣 だんだん少なく

d'entre ＋人称代名詞
[ダントる]
☐☐ 077

熟・慣 ～の内の

douter
[ドゥテ]
☐☐ 078

動 疑う

en fait
[アン フェット]
☐☐ 079

熟・慣 実際には

Bien que l'objectif soit différent, nous devons nous montrer coopératifs pour terminer le travail.	目的は違えども，私たちは力を合わせて仕事をやり遂げなければいけません．
Je vous informe que le **célèbre** cinéaste nous a quittés ce vendredi.	今週金曜日，有名な映画監督が亡くなったことをお知らせします．
Pendant l'exposition, on peut **commander** les menus qui étaient servis dans le train il y a 100 ans. (13春)	展示期間中，100年前に列車で提供されたメニューを注文することができます．
Cette entreprise japonaise va **construire** le plus grand pont du monde.	その日本企業が世界最大の橋を建設する予定です．
Aujourd'hui, le travail devient **de moins en moins** central dans la vie.	今日，仕事は私たちの生活の中心ではだんだんなくなってきています．
Beaucoup **d'entre** nous vont à l'auto-école pour obtenir le permis de conduire.	私たちの多くは，運転免許を取得するために教習所に通います．
Mes amis ne **doutaient** pas de mon succès. (13秋)	友人たちは私の成功を疑っていませんでした．
En fait, beaucoup de gens veulent lutter contre la solitude. (16春)	実際には，多くの人が孤独と闘おうと思っています．

★★★ 080-085 トラック16

entrée
[アントれ]
□□ 080
女 入口

entrée libre
熟・慣 女 入場無料

épicerie
[エピスり]
□□ 081
女 食料品店

fermé(e)
[フェるメ]
□□ 082
形 閉まった

genre
[ジャンる]
□□ 083
男 種類

gratuit(e)
[グらテュイ(ット)]
□□ 084
形 無料の

groupe
[グるップ]
□□ 085
男 型, グループ

en groupe
熟・慣 集団で

Il y a un composteur près de l'**entrée** du quai.	ホームの入口近くに自動改札機があります.
Exposition Hiroshige, jusqu'au 15 novembre au Petit Palais. **Entrée libre**.	プチ・パレで11月15日まで広重展. 入場無料.
Les petites **épiceries** se battent contre les supermarchés pour continuer à exister.	小さな食料品店は生き残りのためにスーパーに対して闘っています.
Autrefois en France, presque toutes les boutiques **étaient fermées** le dimanche.	かつてフランスでは, 日曜日はほとんどすべての店が閉まっていました.
On joue quel **genre** de musique dans ce concert ? (21 春)	このコンサートではどんな種類の音楽が演奏されますか?
Pour les enfants de moins de sept ans, c'est **gratuit**.	7歳以下の子供は無料です.
Quel est le **groupe** sanguin de cette jeune fille ?	この少女の血液型は何ですか?
La colonie de vacances apprendra aux élèves à vivre **en groupe**.	ホリデーキャンプは生徒たちに集団生活することを教えるでしょう.

★★★ 086-093　トラック17

guerre
[ゲーる]
□□ 086
女 戦争

habitant(e)
[アビタン(ト)]
□□ 087
男 女 住民

inutile
[イニュティル]
□□ 088
形 無駄な，役に立たない

kilomètres
[キロメトる]
□□ 089
男 キロメートル

ordinateur
[オるディナトゥーる]
□□ 090
男 コンピューター

paysage
[ペイザージュ]
□□ 091
男 風景

pharmacien, pharmacienne
[ファるマスィヤン，ファるマスィエンヌ]　男 女 薬剤師
□□ 092

régulièrement
[れギュリエるマン]
□□ 093
副 定期的に

Le grand-père de Daniel est rentré de la **guerre** au bout d'un an. (21 春)	ダニエルの祖父は1年後に戦争から戻りました.
Les pompiers donnent toujours la priorité à la vie des **habitants**.	消防士は常に住民の命を第一に考えています.
Nous avons certainement l'expérience d'avoir fait des efforts **inutiles** pour persuader nos parents.	私たちは確かに,親を説得するために無駄な努力をした経験があります.
Son école est à deux **kilomètres** de sa maison. (20 秋)	彼女(ローラ)の学校は家から2キロのところです.
Maintenant, on utilise surtout l'**ordinateur** et le téléphone portable. (14 春)	今では,私たちは主にコンピューターや携帯電話を使用しています.
Paul se rend parfois à la campagne pour peindre des **paysages**.	ポールは時おり風景を描くために田舎に出かけます.
Les études pour devenir **pharmacien** en France durent entre 6 et 9 ans.	フランスで薬剤師になるための勉強は,6年から9年続きます.
Depuis peu les frais d'électricité augmentent **régulièrement**.	少し前から,電気代が定期的に上昇しています.

★★★ 094-099　トラック18

si tu veux　熟・慣 もしよければ
[スィ テュ ヴ]
□□ 094

spécial
[スペスィアル]
□□ 095

spécial(e)　形 特別な

rien de spécial
熟・慣 特にない

abandonné(e)
[アバンドネ]　形 見捨てられた
□□ 096

air　男 空気
[エール]
□□ 097

apercevoir　動 発見する，見つける
[アペるスヴォワール]
□□ 098

au fait　熟・慣 ところで
[オ フェット]
□□ 099

Si tu veux, on pourrait aller manger dans un café après.	もしよければ、この後カフェに食事に行きましょう.
Nous proposons aujourd'hui une journée **spéciale** «chocolat».	本日、チョコレートの特別デーを企画しております.
— Alain t'a dit quelque chose ? — Non, **rien de spécial**.　(14秋)	—アランから何か言われたの? —いいや、特に.
Les enfants **abandonnés** de la guerre sont généralement recueillis par le centre d'accueil.	戦争孤児たちは、通常、受け入れセンターに引き取られます.
Se promener à l'**air** frais est extrêmement important pour votre santé !	新鮮な空気の中を散歩することは、あなたの健康のために非常に重要です!
Le célèbre acteur **a été aperçu** par les paparazzi à l'aéroport d'Orly.	その有名な男優はオルリー空港でパパラッチに見つかりました.
Au fait, c'est qui, cette dame ?	ところで、この女性は誰なんですか?

★★★ 100-106　トラック19

automne
男 秋
[オトンヌ]
100

avancer
動 進む
[アヴァンセ]
101

centre
男 センター
[サントる]
102

chacun(e)
代 各自
[シャカン, シャキュンヌ]
103

croissant
男 クロワッサン
[クロワサン]
104

culture
女 文化
[キュルテューる]
105

danseur, danseuse
男 女 ダンサー
[ダンスーる, ダンスーズ]
106

En **automne**, au Japon, les feuilles des arbres deviennent jaunes et rouges dans les montagnes. (12 秋)	秋, 日本では, 山中の木々の葉が黄色や赤色になります.
La tempête nous empêche d'**avancer**. (13 春)	嵐で私たちは前に進むことができません.
Une semaine dans ce **centre** ne coûte que 500 euros. (19 春)	このセンターでの1週間の費用は500ユーロだけです.
Au fait, pour la soirée, j'aimerais que **chacun** apporte un plat et une bouteille de vin. (19 春)	ところでパーティーのために, 各自料理一つとワイン一本を持ってきてもらいたいんだけど.
La première recette du **croissant** moderne a été créée au début du 20$^\text{e}$ siècle.	現代のクロワッサンの最初のレシピは, 20世紀初頭に生まれました.
La **culture** japonaise a connu une période d'isolement sous le shogunat Tokugawa.	日本文化は, 徳川幕府のもとで鎖国時代を経験しました.
À six ans, Kathy a décidé de devenir **danseuse**.	6歳のとき, カティーはダンサーになることを決心しました.

★★★ 107-113 トラック20

d'aujourd'hui

[ドジュるデュイ]
107

熟・慣 今日の

droit

[ドろワ]
108

男 法律学

avoir le droit de +不定詞

熟・慣 ～する権利がある

également

[エガルマン]
109

副 同時に，同様に

encore

[アンコーる]
110

副 さらに

généralement

[ジェネらルマン]
111

副 一般に

gorge

[ゴるジュ]
112

女 喉

guide

[ギッド]
113

男 ガイドブック

Les jeunes **d'aujourd'hui** veulent prendre la responsabilité de leur vie très tôt.	今日の若者は、とても早い頃から自分の人生に責任を持ちたいと考えます.
Ce cours d'introduction au **droit** aborde les connaissances de base.	この法律学入門講座は、基礎知識を扱います.
Nous **avons le droit de** fumer au volant en France, mais sans la présence d'un mineur.	フランスでは運転しながらタバコを吸う権利がありますが、未成年者がいない場合です.
Cet échec tient **également** au fait que nous étions jeunes.	この失敗は同時に私たちが若かったということにも起因しています.
L'exposition dure **encore** deux mois. (21春)	展示会は、さらに2か月続きます.
On trouve **généralement** des bâtiments anciens à Paris.	パリには古い建物が一般的に見られます.
Docteur, j'ai une arête de maquereau dans la **gorge**.	先生、喉に鯖の骨が刺さりました.
Le **guide** fournit des descriptions détaillées de toutes les œuvres d'art.	ガイドブックには全美術品の詳細な解説が掲載されています.

★★★☆ 114-119　トラック21

mener
[ムネ]
114
動 (生活を) 送る

動 (物事を) 行う

moyen
[モワヤン]
115
男 手段

non plus
[ノン プリュ]
116
熟・慣 ～もまた～ない

nulle part
[ニュル パーる]
117
熟・慣 どこにも～ない

on dit que
[オン ディ ク]
118
熟・慣 ～だそうだ

ou
[ウ]
119
接 ～ないし～

Ce n'est pas facile de **mener** une vie normale.	普通の生活を送るのは簡単なことではありません.
Il faut bien préparer avant de **mener** une enquête surtout si on traite les informations personnelles des informateurs.	特に情報提供者の個人情報を扱う場合は，調査を行う前に十分な準備が必要です.
Les cartes VISA sont le **moyen** de paiement en ligne le plus utilisé.	VISA カードは最も利用されているオンライン決済の手段です.
— Je ne comprends pas du tout la question. — Moi **non plus**, je ne vois pas de quoi il s'agit. (14秋)	—質問が全く分かりません. —私もです，何のことを言っているのか分かりません.
— Tu as retrouvé ta clé USB ? — Non, je ne la trouve **nulle part**.	—USB メモリは見つかったのかい？ —いいや，どこにもないんだ.
On dit que c'est un des meilleurs pâtissiers de France. (21春)	あの方はフランスで一番良いお菓子職人の一人だそうです.
En moyenne, les gens voyagent deux **ou** trois fois par an.	平均して，人々は1年に2〜3回旅行します.

★★★ 120-126 トラック22

par contre
[パーる コントる]
120
熟・慣 その代わり

passion
[パスィオン]
121
女 情熱

avec passion
熟・慣 熱心に, 情熱を込めて

pâtissier, pâtissière
[パティスィエ, パティスィエーる]
122
男 女 パティシエ

pianiste
[ピャニスト]
123
男 女 ピアニスト

pour cela
[プール スラ]
124
熟・慣 そのために

pour le moment
[プール ル モマン]
125
熟・慣 当面, 今のところは

pratique
[プらティック]
126
形 実践的な, 便利な

Je fais moins de concerts qu'avant. **Par contre**, je donne des leçons chez moi. (13秋)	以前ほどコンサートはしていません．その代わり，自宅でレッスンをしています．
C'est important de trouver un camarade avec qui on peut partager nos **passions**.	情熱を共有できる仲間を見つけることが大切です．
C'est **avec passion** que ma mère fait de la couture.	母は熱心に裁縫をしています．
Les **pâtissiers** diplômés sont très recherchés et il existe de nombreux débouchés.	免状を持つパティシエは非常に需要があり，就職先も多いです．
À Paris, deux **pianistes** japonais remportent le prix du concours.	パリでは，2人の日本人ピアニストがコンクールの賞を勝ち取りました．
Je compte publier un livre en 4 langues. **Pour cela**, je cherche des collaborateurs.	私は4か国語の本を出版するつもりです．そのために，協力者を探しています．
Il ne faut rien lui demander **pour le moment**, parce qu'il est très occupé.	彼はとても忙しいから，当面は何も頼んではいけません．
Ah, c'est **pratique** ! (20秋)	ああ，それは便利だ！

★★★ 127-133　トラック23

prendre un verre
[ブらンドる アン ヴェーる]
127
熟・慣 酒を飲む

profession
[プロフェスィオン]
128
女 職業

respecter
[れスペクテ]
129
動 尊敬する

risquer
[りスケ]
130
動 危険にさらす

risquer de ...
熟・慣 〜する恐れがある

séjour
[セジューる]
131
男 滞在

salle de séjour
熟・慣 女 居間

lui-même
[リュイ メム]
132
熟・慣 それ自体

sûr(e)
[スューる]
133
形 確信した，確実な

Si on allait **prendre un verre** après le travail ? Qu'est-ce que tu en dis ?	仕事帰りに飲みに行こうよ？どうだい？
Alice est tout à fait contente de sa **profession** de journaliste.	アリスは新聞記者の職業に100%満足しています．
Le professeur d'anglais **était respecté** de tous ses étudiants.	その英語教師は学生全員から尊敬されていました．
Le vieil homme **a risqué** sa vie pour secourir les deux enfants.	その老人は2人の子供を救出するために命を危険にさらしました．
Comptable est un des métiers qui **risquent de** disparaître.	会計士は無くなる恐れのある職業の一つです．
C'était comment, ton **séjour** à Londres ? (15秋)	ロンドンでの滞在はどうだった？
La **salle de séjour** est aussi appelée «salon» en français.	居間はフランス語でsalonとも呼ばれます．
En réalité, ce n'était pas le travail **lui-même** qui posait problème.	実際には，仕事それ自体が問題だったわけではありません．
On dit très souvent que les jeunes lisent de moins en moins. Mais ce n'est pas si **sûr**. (18春)	若者は本を読まなくなっているとよく言われます．しかし，これはあまり確かではありません．

★★★ 133-140　トラック24

être sûr (de/que) ...
熟・慣 きっと〜だと思う

taille
[タィイ]
□□ 134
女 サイズ

tout le monde
[トゥル モンド]
□□ 135
熟・慣 男 皆

vouloir dire
[ヴロワーる ディーる]
□□ 136
熟・慣 意味する

à l'ombre
[ア ロンブる]
□□ 137
熟・慣 日陰で

ailleurs
[アユーる]
□□ 138
副 他の場所に

auquel
[オケル]
□□ 139
代 à と lequel の縮約形

avocat(e)
[アヴォカ(ット)]
□□ 140
男 女 弁護士

Je **suis sûr que** ce film te plaira.	きっとこの映画は気に入ると思うよ.
Dans les magasins, il n'y avait pas de jolies chaussures dans les grandes **tailles**. (19秋)	店では，大きなサイズのきれいな靴はありませんでした.
Imaginez si **tout le monde** parlait la même langue.	皆が同じ言語を話していたらと想像してみてください.
Qu'est-ce que tu **veux dire** par là ?	何が言いたいの？
Il faut rester **à l'ombre** pour se protéger des coups de soleil.	日差しから身を守るために日陰にいる必要があります.
D'ici à 2030, il y aura plus de personnes âgées ici que partout **ailleurs**.	今から2030年までの間に，ここでは他のどの場所よりも高齢者が多くなるでしょう.
C'est exactement le restaurant **auquel** je pensais. (18春)	これはまさに私が考えていたレストランです.
Toute personne peut consulter un **avocat**.	誰でも弁護士に相談することができます.

★★★ 141-147 トラック25

avoir l'intention de +不定詞

[アヴォワール ランタンスィオン ドゥ]
□□ 141
熟・慣 〜するつもりである

centaine
女 百程度の

[サンテヌ]
□□ 142

c'est ainsi que

[セ タンスィ ク]
□□ 143
熟・慣 そのような理由で

c'est entendu

[セ タンタンデュ]
□□ 144
熟・慣 わかった

congé
男 休暇

[コンジェ]
□□ 145

connaissance

[コネサンス]
□□ 146
女 知識

faire connaissance avec ...

熟・慣 〜と知り合いになる

copain, copine
男 女 友だち，恋人

[コパン, コピヌ]
□□ 147

Christine **a l'intention d'**apprendre le chinois. (17春)	クリスティーヌは中国語を学ぶつもりです.
Dans la chambre de mon père, il y a des **centaines** ou des milliers de livres.	私の父の部屋には, 何百, 何千という本があります.
C'est ainsi qu'il y a beaucoup de jeunes qui rêvent de devenir de grands chefs. (13春)	そのような理由（料理人に対するイメージの変化）で, 偉大なシェフになることを多くの若者が夢見ています.
— Tu veux bien vérifier si les fenêtres sont bien fermées ? — Oui oui, **c'est entendu**.	—窓が閉まっているかどうか確認してくれる？ —はいはい, わかった.
Je suis actuellement en **congé**. (19秋)	私は現在休暇中です.
Tout le monde admire sa **connaissance** de l'art.	誰もが彼の芸術に関する知識に感心しています.
Après le colloque, j'ai pu **faire connaissance avec** des participants.	会議の後, 私は参加者たちと知り合うことができました.
Hier, ma **copine** Chloé m'a conseillé de perdre trois kilos. (19秋)	昨日, 恋人のクロエが私に3キロ痩せるように勧めました.

★★★ 148-154　トラック26

couler
[クレ]
動 流れる
□□ 148

dans la matinée
[ダン ラ マティネ]
熟・慣 午前中に
□□ 149

divers(e)
[ディヴェーる, ディヴェるス]
形 様々な
□□ 150

en ce moment
[アン ス モマン]
熟・慣 目下, 今
□□ 151

en panne
[アン パンヌ]
熟・慣 故障している
□□ 152

entier, entière
[アンティエ, アンティエーる]
形 全部の
□□ 153

dans le monde entier
熟・慣 世界中で

étude
[エチュド]
女 研究
□□ 154

L'eau du robinet n'a pas **coulé** pendant une semaine.	水道水は1週間出ませんでした.
Pour supporter la chaleur en été, il vaut mieux sortir **dans la matinée**.	夏の暑さを耐え忍ぶには, 午前中に外出するほうがいいです.
Le livre traite de **divers** sujets de la culture japonaise.	その本は日本文化の様々なテーマを取り上げています.
En ce moment, la société du père de Takuya a des difficultés. (12秋)	目下, タクヤの父親の会社は経営難に陥っています.
Malheureusement, mon ordinateur est tout à coup tombé **en panne**.	残念ながら, 突然パソコンが壊れてしまいました.
Autrefois, il fallait un jour **entier** pour aller à Paris. (19秋)	かつてはパリに行くのに丸一日かかっていました.
L'ONU est préoccupée par le fait que des enfants sont maltraités **dans le monde entier**.	国連は世界中で子供たちが虐待されていることを憂慮しています.
Ces conclusions rejoignent celles d'une **étude** réalisée en 2016.	これらの結論は, 2016年に実現した研究の結論と一致しています.

éviter de +不定詞

[エヴィテ ドゥ]
155
熟・慣 ～するのを避ける

faire une promenade

[フェーる ユンヌ プろムナド]
156
熟・慣 散歩する

fidèle

[フィデル]
157
形 忠実な，誠実な

client(e) fidèle

熟・慣 男 女 常連客

fièvre

[フィエーヴる]
158
女 熱

fort

[フォーる]
159
副 強く

immeuble

[イムブル]
160
男 建物

incroyable

[アンクろワヤブル]
161
形 信じられない

Il faut **éviter de** manger trop gras, trop sucré.	脂肪や糖分の多すぎる食事は避けなければいけません.
Récemment, beaucoup de jeunes s'intéressent à **faire des promenades** en montagne.	最近，多くの若い人が山歩きに興味を持っています.
Rédigez un résumé aussi exact et **fidèle** que possible.	できるだけ正確で忠実な要約を書いてください.
Les vendeurs saluent les **clients fidèles**.	販売スタッフは常連客に挨拶します.
Arthur est allé au concert malgré la **fièvre**.	アルチュールは発熱にもかかわらずコンサートに行きました.
Nous étions **fort** attachés à cette maison. (18春)	私たちはこの家にとても愛着がありました.
De nombreux **immeubles** se sont effondrés en Turquie à cause du séisme.	トルコでは地震のせいで多くの建物が倒壊しました.
Jules a reçu un mauvais permis à cause d'une **incroyable** erreur administrative.	ジュールは信じられない行政のミスのために間違った免許証を受け取りました.

★★★ 161-167 トラック28

c'est incroyable !
熟・慣 まさか！

inquiet, inquiète
[アンキエ, アンキエット]
形 不安な

installer
[アンスタレ]
動 設置する，据える

interdit(e)
[アンテるディ(ット)]
形 禁じられた

invitation
[アンヴィタスィオン]
女 招待

odeur
[オドゥーる]
女 におい

partie
[パるティ]
女 部分

grande partie
熟・慣 女 大部分

Un homme invisible ? **C'est incroyable** !	透明人間だって？まさか！
Il est possible que le faible taux de natalité montre que les jeunes sont **inquiets** pour l'avenir.	低い出生率は，若い人たちが将来に不安を感じていることを表している可能性があります．
Nous **avons installé** une caméra à l'entrée pour mesurer la température corporelle.	私たちは体温を測定するためにカメラを入口に設置しました．
Ici, les animaux sont **interdits**.	ここでは，動物は禁止されています．
Christine est désolée de ne pas pouvoir accepter l'**invitation** de Sara. (17春)	クリスティーヌはサラの招待に応じられないことを残念に思っています．
Les chiens sont sensibles aux **odeurs**.	犬は，匂いに対して敏感です．
Kagoshima, dans la **partie** sud du Japon, est connu pour son volcan actif.	鹿児島は日本の南部にあり，活火山で有名です．
Un puissant typhon s'abattra sur une **grande partie** du Japon.	強い台風が日本の大部分に襲いかかるでしょう．

★★★ 167-172 トラック29

en partie
熟・慣 部分的に

produire
[プロデュイーる]
168
動 生産する

prudent(e)
[プリュダン(ト)]
169
形 慎重な

ce [il] n'est pas prudent
熟・慣 賢明ではない

retour
[るトゥーる]
170
男 帰ること

aller-retour 熟・慣 男 往復

à son retour
熟・慣 帰った時に

se connaître
[ス コネトる]
171
代動 知り合う

se faire
[ス フェーる]
172
代動 自分を〜させる，〜してもらう

Le nombre de candidats a beaucoup augmenté. C'est, **en partie**, grâce à la télévision. (13春)	応募者数が大きく増加しました．これは部分的にはテレビのおかげです．
Beaucoup de petites fermes que Takeshi a visitées au Brésil **produisent** de bons cafés. (21春)	タケシがブラジルで訪れた多くの小農園は，美味しいコーヒーを生産しています．
Soyons **prudents** avec ce qu'on dit.	発言には気をつけましょう．
Arrêter le travail maintenant, **ce n'est pas prudent**.	今仕事をやめるのは賢明ではありません．
D'ici à la faculté, est-il possible de faire un aller-**retour** en métro en une heure ?	ここから大学まで，地下鉄で1時間で往復できますか？
À son retour au Japon, il a ouvert un petit bistrot.	日本に帰ると，彼は小さなビストロを開きました．
— Ils **se connaissent** ? — Oui, je les ai présentés les uns aux autres. (14春)	—彼らは知り合いですか？ —はい，私が両者を紹介しました．
Dans ce pays où on boit du café depuis plus de trois siècles, il n'est pas facile de **se faire** connaître. (17春)	3世紀以上前からコーヒーが飲まれているこの国で，（アストル・コーヒーの）名前を知ってもらうのは容易なことではありません．

★★★ 172-177　トラック30

|代動| (自分に) 作る

silence
[スィランス] 173
|間投| 静かに！

en silence
|熟・慣| 静かに

s'installer
[サンスタレ] 174
|代動| 住む

surprise
[スュるプリーズ] 175
|女| 驚き

tandis que
[タンディ(ス) ク] 176
|接| 〜に対して

|接| 〜する間に，〜する一方で

tout d'abord
[トゥ ダボーる] 177
|熟・慣| まず最初に

Anaïs s'inquiète de savoir si elle pourra **se faire** des amis dans un nouvel environnement.	アナイスは，新しい環境で友達ができるかどうかわからないで心配しています．
Silence ! Ne parlez pas pendant le film.	静かにしてください！ 映画の上映中は話をしないでください．
Les élèves se sont mis à travailler **en silence**.	生徒たちは静かに勉強を始めました．
Jusqu'à maintenant la municipalité a pris diverses mesures pour que les jeunes viennent **s'installer** dans le village. (21 春)	これまで，その自治体は若者が村へ定住するために様々な施策を講じてきました．
À ma grande **surprise**, les Japonais sont généralement minces.	とても驚いたことに，日本人は一般的に痩せています．
En 2015, les Canadiens ont bu 73 litres de lait par personne **tandis que** dans les années 1990 ils en buvaient plus de 90. (16 秋)	2015 年にカナダ人は一人当たり 73 リットルの牛乳を飲んでいるのに対し，1990 年代には，90 リットル以上飲んでいました．
Jérôme prépare lui-même tous les plats, **tandis que** son copain Charles les prend en photo. (15 春)	ジェロームがすべての料理を一人で作る一方，友人のシャルルはその様子を写真に撮っています．
Tout d'abord, préchauffez le four à 180 degrés.	まず最初に，オーブンを 180 度で予熱してください．

tranquillement
[トランキルマン]
178

副 静かに

vas-y
[ヴァズィ]
179

熟・慣 さあ

Reposez-vous **tranquillement** pendant quelques minutes.	数分間, 静かに休んでください.
Tu ne lui as pas encore parlé, alors ? Mais **vas-y**, courage ! (21秋)	じゃあまだその人に話してないの? さあ, 勇気出して!

2 よく出る前置詞と接続詞

〈前置詞〉

- 言うまでもなく,前置詞 à と de が両横綱になります.
- en「〜に」(12回は de plus en plus, 8回 en général, 6回 en effet), dans「〜の中で」, pour「〜のために」, avec「〜とともに」の4つもよく出てきます. さらに sur「〜の上に」, depuis「〜以来」が続きます. en と dans の使い分けに注意.

    En colonie de vacances, l'enfant n'a pas besoin de faire des efforts. (2013 秋)

    C'est hier que Marie a trouvé un petit chat blanc *dans* la rue. (2011 秋)

    Je donne des informations *sur* le temps à la radio. (〜に関する) (2011 秋)

    Quand il fait beau, qu'est-ce qu'on peut voir *depuis* la plage ? (〜から) (2011 秋)

    Depuis sa retraite, mon père mène une vie tranquille. (動詞は通常現在形) (2013 春)

- それ以外の前置詞としては, chez「〜のところ」, après「〜の後で」, par は慣用句が多いです. par (9回 par exemple, 8回 par jour, 5回 par contre, 4回 par terre, 3回 par hasard, 2回 par semaine), avant「〜の前に」(10回 avant + 不定詞), pendant「〜の間」などに注意しましょう.

    Est-ce que vous êtes déjà allés *chez* le médecin ? (医者に診てもらう) (2018 春)

    Je me suis fait voler mon sac *par* cet homme. (〜によって) (2015 春)

    Qu'est-ce qu'on peut admirer *avant* l'arrivée de l'hiver ? (〜まで) (2012 秋)

〈接続詞〉

- et は一人横綱で,圧倒的です.
- mais「しかし」と quand「〜する時」もよく使われることがわかります.

前置詞	出現数	前置詞	出現数	前置詞	出現数
en	439	**sur**	106	**par**	74
dans	343	**depuis**	93	**avant**	52
pour	261	**chez**	76	**pendant**	38
avec	162	**après**	75		

接続詞	出現数	接続詞	出現数
et	301	**si**	54
mais	177	**parce que**	42
quand	121	**donc**	25
comme	57		

(表では出現数が25回以上の単語を載せています.)

PARTIE 3

161 mots
180-340

過去11年間で頻度3〜2回の語

★★★ 180-186　トラック32

à partir de ...
[ア パるティーる ドゥ]
□□ 180
熟・慣 ～以上, ～から

agent de police
[アジャン ドゥ ポリス]
□□ 181
熟・慣 男 警察官

apparaître
[アパれトる]
□□ 182
動 現れる

artiste
[アるティスト]
□□ 183
男 女 芸術家

au pied de ...
[オ ピエ ドゥ]
□□ 184
熟・慣 ～のふもとに

avoir de la chance de +不定詞
[アヴォワーる ドゥ ラ シャンス ドゥ]
□□ 185
熟・慣 運が良い

baisser
[ベセ]
□□ 186
動 下がる

動 下げる

180-186 ★★★

Le tarif réduit est appliqué pour les groupes **à partir de** 10 personnes.	割引料金は10名以上の団体に適用されます.
L'**agent de police** a sauté sur un voleur. (20秋)	警察官は泥棒に飛びかかりました.
Le youtubeur présente des plats qui **apparaissent** dans des films d'animation.	ユーチューバーがアニメ映画に登場する料理を紹介します.
Cet **artiste** a un bel avenir devant lui. (11秋)	この芸術家には明るい未来があります.
Mon grand-père habite juste **au pied de** la montagne.	私の祖父はちょうど山のふもとに住んでいます.
Tu **as de la chance d'**avoir un ami comme lui ! (14秋)	彼のような友人がいて, 君は運が良い!
Le yen ne cesse de **baisser** ces derniers temps.	このところ円はずっと下落しています.
Baisser les prix des produits est une des solutions pour accroître le chiffre d'affaire.	製品価格を下げることは, 売上を伸ばすための解決策の一つです.

★★☆☆ 187-194　トラック33

beaucoup
[ボク]
□□ 187
副 はるかに（比較級や trop を強める）

bière
[ビエール]
□□ 188
女 ビール

boucherie
[ブシュリ]
□□ 189
女 肉屋

ça dépend
[サ デパン]
□□ 190
熟・慣 場合による

cacher
[カシェ]
□□ 191
動 隠す

cahier
[カイエ]
□□ 192
男 ノート

calme
[カルム]
□□ 193
形 静かな

ça m'est égal
[サ メ テガル]
□□ 194
熟・慣 私にはどうでもいい

L'université japonaise coûte **beaucoup** plus cher que l'université française.	日本の大学は，フランスの大学よりはるかにお金がかかります．
De nos jours, de nombreux types de **bières** locales sont disponibles au Japon.	最近では，たくさんの種類の地ビールが日本でも手に入ります．
En France, il est normal d'acheter la viande au kilo à la **boucherie**.	フランスでは，肉屋で肉をキロ単位で買うのが普通です．
— Tu travailles combien d'heures par jour ? — **Ça dépend**. Je travaille 10 heures avant l'examen.	—1日の勉強時間はどれくらいですか？ —場合によります．テスト前は10時間勉強します．
Je te conseille de ne rien **cacher**. (18秋)	隠し事はしない方がいいよ．
Ce manuel de français contient un **cahier** d'exercices de grammaire.	このフランス語の教科書には文法練習帳が含まれています．
Plus de deux tiers des personnes préfèrent une vie **calme** à une vie passionnante.	3分の2以上の人が，刺激的な生活よりも静かな生活を望んでいます．
On hausse les épaules pour dire «je m'en fiche» ou «**ça m'est égal**».	「気にしない」とか「どうでもいい」と言う時は，肩をすくめます．

cesser
[セセ]
動 やめる、中止する

ne cesser de +不定詞
熟・慣 ～し続ける

chemin de fer
[シュマン ドゥ フェール]
熟・慣 男 鉄道

confiance
[コンフィアンス]
女 信頼

faire confiance à …
熟・慣 ～を信頼している

cour (d'école)
[クール (デコル)]
熟・慣 女 校庭．

craindre
[クらンドる]
動 恐れる、心配する

danger
[ダンジェ]
男 危険

Tom **a cessé** de participer aux entraînements de l'équipe en raison d'une blessure.	怪我のためにトムはチームの練習に参加するのをやめました.
Stéphanie **ne cesse d'**apprendre de nouvelles choses dans son métier. (16秋)	ステファニーは仕事の中で新しいことを学び続けています.
Le **chemin de fer** français commence au début du 19ᵉ siècle.	フランスの鉄道は,19世紀初頭に始まりました.
C'est une personne en qui tu peux avoir **confiance**. (20秋)	その人は信頼できる人物です.
Il est dangereux de **faire** trop **confiance au** système financier japonais.	日本の金融システムを信用しすぎるのは危険です.
À midi, les parents déjeunent avec leurs enfants dans la **cour**.	お昼に保護者たちは子供たちと校庭で昼食をとります.
Elle **craint** que, sans devoirs, les enfants ne travaillent pas du tout chez eux. (12秋)	彼女は,宿題がなければ,子供たちは家でまったく勉強しないのではないかと心配しています.
Avons-nous vraiment dépassé les **dangers** de la Covid-19 ?	私たちはコロナの危険から本当に脱したのでしょうか?

★★☆ 200-206 トラック35

être hors de danger

熟・慣 危機を脱した

dehors

[ドゥオール]
□□ 201

副 外に；戸外で

délicieux, délicieuse

[デリスィユ, デリスィユーズ]
□□ 202

形 美味しい

demander

[ドゥマンデ]
□□ 203

動 必要とする

exister

[エグズィステ]
□□ 204

動 存在する

extérieur

[エクステリユール]
□□ 205

男 外；国外

faute

[フォット]
□□ 206

女 誤り；責任

ce n'est pas ma faute

熟・慣 それは私のせいではない

L'économie de ce pays **est hors de danger**. (17春)	この国の経済は危機を脱しました.
Au printemps, il est plus agréable de manger **dehors** qu'à l'intérieur.	春は室内で食べるよりも戸外で食べるほうが気持ちがいいです.
Dans les grands magasins, on peut acheter de **délicieux** gâteaux, comme en France.	デパートでは, フランスと同じように, 美味しいケーキを買うことができます.
Le travail **demande** beaucoup de temps et de concentration.	その仕事は, 多くの時間と集中力を要します.
Un vif intérêt continue d'**exister** surtout parmi les jeunes. (19秋)	特に若い人たちの間でずっと強い関心があります.
Quelques organisations s'occupent de la diffusion de la culture française à l'**extérieur** de la France.	いくつかの団体がフランス国外に向けたフランス文化の発信に努めています.
C'est ta **faute**. (14秋)	君の誤りだ.
Écoutez, **ce n'est pas ma faute** si vous n'avez pas l'eau chaude.	いいですか, お湯が出ないのは私のせいではありません.

★★☆ 207-214 　トラック36

former
[フォるメ]
☐☐ 207
動 形成する

grain
[グらン]
☐☐ 208
男 豆, 粒

héros
[エろ]
☐☐ 209
男 英雄

intelligent(e)
[アンテリジャン(ト)]
☐☐ 210
形 頭の良い

invité(e)
[アンヴィテ]
☐☐ 211
男 女 招待客

l'autre jour
[ロトる ジューる]
☐☐ 212
熟・慣 先日

lorsque
[ロるスク]
☐☐ 213
接 〜する時

lutter
[リュテ]
☐☐ 214
動 戦う, 闘う

Un des objectifs majeurs de ce programme est de **former** les futurs enseignants.	このプログラムの主な目的の一つは、将来の教員を育てることです。
Les **grains** de café proviennent en général du Brésil.	コーヒー豆は一般的にブラジルから来ています。
Certains racontent le voyage d'un **héros** qui rencontre des ennemis terribles. (19秋)	いくつか（の漫画）は恐ろしい敵に遭遇する英雄の旅について語っています。
Nos chiens sont plus **intelligents** que les leurs. (19秋)	私たちの犬は彼らの犬より頭が良いです。
Sur dix **invités**, seulement trois sont venus à l'heure.	10人の招待客のうち、3人だけが時間通りに来ました。
Alors, on va ensemble au musée dont je t'ai parlé **l'autre jour** ? (11春)	じゃあ、先日話した美術館に一緒に行こうか？
Lorsqu'on est étudiant, il est difficile de rembourser ses dettes avec un emploi à temps partiel.	学生の時は、アルバイトをして借金を返済するのは難しいです。
Une formation suffisante est nécessaire pour **lutter** contre les incendies de forêt.	森林火災と闘うためには十分な訓練が必要です。

★★★ 215-221　トラック37

magazine
[マガズィヌ] 215
男 雑誌

méchant(e)
[メシャン(ト)] 216
形 意地悪な

médecine
[メドゥスィヌ] 217
女 医学

mentir
[マンティーる] 218
動 うそをつく

mince
[マンス] 219
形 ほっそりした，細い

naissance
[ネサンス] 220
女 誕生

naturel(le)
[ナテュれル] 221
形 当然の，自然な

sciences naturelles
熟・慣 女 自然科学

Ce **magazine** est publié en 27 langues au rythme de trois numéros par an.	この雑誌は年3回27か国語で発行されています.
Dans ce petit village, les gens ne sont pas sociables et **méchants**.	この小さな村では，人々は愛想が悪く意地悪です.
Élouan est étudiant en **médecine** au Canada.	エルアンはカナダで医学部の学生です.
Jules a été puni pour **avoir menti**.	ジュールは嘘をついたことで罰せられました.
Tu fais quelque chose pour rester si **mince** ? (19秋)	そんなに細いままでいるために何かしているの？
Il n'est pas recommandé d'utiliser la date de **naissance** comme mot de passe.	パスワードに生年月日を使うのはお勧めできません.
Il est **naturel** que les parents s'inquiètent de la croissance de leurs enfants.	親が子供の成長を心配するのは当然のことです.
Agathe s'intéresse à l'histoire et aux **sciences naturelles**.	アガットは歴史や自然科学に興味があります.

★★☆ 222-229 トラック38

neiger
[ネジェ]
□□ 222
動 雪が降る

objet
[オブジェ]
□□ 223
男 品物

obtenir
[オブトゥニーる]
□□ 224
動 得る

ouest
[ウエスト]
□□ 225
男 西

paix
[ペ]
□□ 226
女 平和

en paix
熟・慣 安らかに，平穏に

parfaitement
[パるフェトマン]
□□ 227
副 完璧に，十分に

plan
[プラン]
□□ 228
男 地図

poids
[ポワ]
□□ 229
男 重さ，体重

Au nord du Japon, il **neige** beaucoup en hiver.	北日本では冬に雪がたくさん降ります.
Les **objets** perdus sont rarement retrouvés en France.	フランスでは遺失物はめったに見つかりません.
Anne **a obtenu** le premier prix de piano. (14 春)	アンヌはピアノで1位を獲得しました.
Le Finistère est un département français situé à l'**ouest** de la Bretagne.	フィニステールはブルターニュ西部にあるフランスの県です.
Le président a affirmé que la **paix** est possible.	大統領は和平は可能であると断言しました.
Depuis sa retraite, mon père vit **en paix**. (13 春)	定年退職後, 父は平穏に暮らしています.
Elle parle **parfaitement** le français.	彼女はフランス語を完璧に話します.
Teddy a trouvé sa destination en consultant un **plan** de la ville sur son portable.	テディは携帯で街の地図を見て目的地を見つけ出しました.
Quel était le **poids** de ton enfant à la naissance ? (14 春)	君の子供の出生時の体重はどのくらいだったの?

★★☆ 230-237　トラック39

profiter de +名詞
[プロフィテ ドゥ]
□□ 230
熟・慣 ～を満喫する，得をする

progrès
[プログれ]
□□ 231
男 進展，進歩

proposer
[プろポゼ]
□□ 232
動 提案する

quelque part
[ケルク パーる]
□□ 233
熟・慣 どこかで

rapidement
[らピドマン]
□□ 234
副 すぐに

réunion
[れユニオン]
□□ 235
女 会議

se casser
[ス カセ]
□□ 236
代動 ～を折る

se décider
[ス デスィデ]
□□ 237
代動 決心する

En été, les Français vont sur la côte méditerranéenne pour **profiter du** soleil.	夏, フランス人は太陽を満喫するために地中海沿岸に行きます.
L'article note que peu de **progrès** ont été réalisés en ce qui concerne la pollution ces dernières années.	記事によれば, 近年, 公害に関してはほとんど進展がないという.
C'était mon père qui m'**avait proposé** d'aller étudier en Suisse.	スイスに留学に行きなさいと提案してくれたのは父でした.
— Tu connais cette marque ? — Oui. Je crois que je l'ai déjà vue **quelque part**.	—このブランドは知ってる? —ああ, どこかで見たことがあると思うよ.
Grâce à la visite du médecin, je me suis **rapidement** rétabli.	医者に行ったおかげで, 私はすぐに回復しました.
Tom ne pourra pas arriver à l'heure à la **réunion**.	トムは会議の時間に間に合わないでしょう.
Jules **s'est cassé** la jambe dans l'accident. (18 春)	ジュールはその事故で脚を骨折しました.
Après réflexion, je **me suis décidé** à partir pour l'Afrique.	考えた末に, 私はアフリカへ旅立つことを決心しました.

★★☆☆ 238-245 (トラック40)

siècle
[スィエクル]
□□ 238
男 世紀

situation
[スィテュアスィオン]
□□ 239
女 状況

suivre
[スュイーヴる]
□□ 240
動 追跡する

télé
[テレ]
□□ 241
女 テレビ
(= **télévision**)

temps
[タン]
□□ 242
男 (複数形で) 時代

son temps
熟・慣 時間

TGV
[テジェヴェ]
□□ 243
男 フランス新幹線

toilettes
[トワレット]
□□ 244
男 (複数形で) トイレ

toucher
[トゥシェ]
□□ 245
動 感動させる

L'eau sur Mars est-elle la découverte du **siècle** ?	火星上の水は世紀の発見なのだろうか？
La **situation** dans le secteur de l'élevage est très difficile.	畜産業が置かれている状況はとても厳しいです．
Ce site permet de **suivre** les vols en temps réel.	このサイトは，リアルタイムでフライトを追跡することができます．
La **télé** du salon est en panne depuis trois jours.	リビングのテレビが3日前から故障しています．
Maintenant les **temps** ont changé. (20秋)	今や時代は変わりました．
Le soir, il emploie tout **son temps** à écrire des livres de cuisine. (15春)	夜，彼は料理本の執筆に全ての時間を使っています．
Le **TGV** est bondé de personnes qui rentrent chez elles à Noël.	TGVはクリスマスに帰省する人たちで満員です．
Nous nous arrêtons à cette aire de repos pour aller aux **toilettes**.	トイレに行くためにこのサービスエリアで停まりましょう．
Les mots de Juliette **ont touché** Pauline. (20秋)	ジュリエットの言葉はポリーヌを感動させました．

vie quotidienne

[ヴィ コティディエンヌ]
□□ 246

熟・慣 日常生活

vif, vive

[ヴィフ, ヴィーヴ]
□□ 247

形 生き生きした, 活発な, 鋭敏な

vue

[ヴュ]
□□ 248

女 眺め

à travers

[ア トらヴェーる]
□□ 249

熟・慣 横切って

à vrai dire

[ア ヴれ ディーる]
□□ 250

熟・慣 実のところ

adapter

[アダプテ]
□□ 251

動 適合させる

s'adapter

代動 適応する

annoncer

[アノンセ]
□□ 252

動 発表する

Certains s'inquiètent de l'impact de l'intelligence artificielle sur la **vie quotidienne**.	ある人たちは人工知能 (AI) が日常生活に与える影響を心配しています.
Les **vives** réactions des participants démontrent la réussite de la conférence.	参加者の活発な反応は，その会議の成功を表しています.
Je connais un endroit d'où vous aurez une **vue** magnifique. (17秋)	あなた方が（富士山の）素晴らしい眺めを見ることができる場所を私は知っています.
J'envisage de voyager en train **à travers** l'Europe.	私は鉄道でヨーロッパを横断旅行するつもりです.
À vrai dire, je voudrais continuer mes études. (12秋)	実のところ，私は勉強を続けたいと思っています.
Le judo **est adapté** aux hommes et femmes de tous âges. (13春)	柔道はあらゆる年齢の男女に適しています.
Les étudiants étrangers ont eu beaucoup de mal à **s'adapter** à la culture du pays.	留学生たちはその国の文化に適応するのにとても苦労しました.
Des experts **ont annoncé** que le nombre d'alpinistes sur le Cervin devrait être limité.	専門家たちはマッターホルンの登山者数を制限すべきだと発表しました.

★★☆☆ 253-259 トラック42

appuyer
[アピュイエ]
253

appuyer sur ...
熟・慣 〜を押す

s'appuyer contre ...
熟・慣 〜に寄りかかる

au coin des rues
[オ コワン デ リュ] 熟・慣 街角
254

avoir mal au cœur
[アヴォワール マル オ クール] 熟・慣 気分が悪くなる，吐き気がする
255

bête
女 動物，獣
[ベット]
256

blessé(e)
形 怪我した，負傷した
[ブレセ]
257

bouger
動 動く
[ブジェ]
258

ça y est
熟・慣 さあできた
[サ イエ]
259

86 Partie 3 (180-340)

En cas d'urgence, **appuyez sur** ce bouton.	緊急時には，このボタンを押してください．
Elle **s'est appuyée contre** le poteau.	彼女は柱に寄りかかりました．
Au coin des rues de Paris, on trouve des galleries qui présentent les œuvres de jeunes artistes méconnues.	パリの街角には，若手アーティストの無名の作品を紹介するギャラリーがあります．
Au début Jean **a eu mal au cœur**. (19 春)	最初，ジャンは気分が悪くなりました．
La **bête** blessée prend la fuite en forêt.	傷ついた獣は森に逃げ込みました．
Paul est **blessé** ? (16 春)	ポールは怪我をしていますか？
Cet animal passe beaucoup de temps sans **bouger** dans les arbres.	この動物は木の中で動かずに長い時間を過ごします．
Ça y est, j'ai terminé mes devoirs !	さあできた，宿題が終わった！

★★☆☆ 260-266 トラック43

calmer
[カルメ]
260
動 鎮める

ces derniers temps
[セ デルニエ タン]
261
熟・慣 最近

chéri(e)
[シェリ]
262
男 女 いとしい人

Clignancourt
[クリニャンクール]
263
固有 クリニャンクール（パリ18区の地名）

condition
[コンディスィオン]
264
女 条件, 状況

côté
[コテ]
265
男 側面

cultivé(e)
[キュルティヴェ]
266
形 栽培された

En France, on prend souvent des pastilles pour **calmer** la douleur à la gorge.	フランスでは，喉の痛みを和らげるためによくトローチを舐めます．
Le prix des produits ne cesse d'augmenter **ces derniers temps**.	最近，製品の価格がどんどん上がっています．
Bonsoir ma **chérie** ! Qu'est-ce que tu as fait aujourd'hui ?	お帰り！ 何したんだい今日は？
Il faut faire attention aux pickpockets en allant aux puces de **Clignancourt**.	クリニャンクールの蚤の市に行くときはスリに気をつけないといけません．
Mais il y a des **conditions** : on ne peut emprunter qu'un livre à la fois et on doit le lire sur la plage. (12秋)	ただし，（無料で本を借りるには）条件があります：一度に借りられるのは一冊だけで，ビーチで読まなければなりません．
Le ton vif d'Olivier augmente le **côté** sympathique des personnages joués par l'acteur américain. (12秋)	（吹き替え声優の）オリヴィエの生き生きとした口調が，アメリカ人俳優が演じる登場人物の感じの良さを強調させるのです．
Les légumes **cultivés** dans cette ville reçoivent une étiquette spéciale.	この町で栽培された野菜には特別なタグがつけられています．

★★☆ 267-272 トラック44

de fait
[ドゥ フェット]
熟・慣 実際
□□ 267

déclarer son amour à ...
[デクラれ ソン ナムーる ア] 熟・慣 ～に愛を告白する
□□ 268

déranger
[デらンジェ]
動 邪魔する
□□ 269

désirer
[デズィれ]
動 欲する，望む
□□ 270

vous désirez ?
熟・慣 何をお求めですか？

dessin
[デサン]
男 デッサン
□□ 271

douleur
[ドゥルーる]
女 痛み
□□ 272

De fait, les prix du gaz ont commencé à baisser dans certains pays.	実際, いくつかの国ではガス代が下がり始めました.
Quel courage de **lui déclarer ton amour** !	彼女に愛の告白とはずいぶんと勇気あるね!
Je n'avais aucune intention de vous **déranger**.	あなたの邪魔をするつもりは毛頭ありません.
Le peuple **désire** ardemment la liberté.	国民は自由を切望しています.
Oui, madame, **vous désirez** ?	はい, 奥様, 何をお求めでしょうか?
On organise une exposition sur les **dessins** de Gauguin.	ゴーギャンのデッサン展が企画されています.
Comprendre la **douleur** des autres est très important.	他人の痛みを理解することはとても重要です.

★★★★ 273-278　トラック45

d'un côté..., d'un autre côté...

[ダン コテ ダンノトる コテ]
☐☐ 273
熟・慣 一方では〜, また他方では〜

duquel

[デュケル]
☐☐ 274
代 de と lequel の縮約形

élégant(e)

[エレガン(ト)]
☐☐ 275
形 優美な

en outre

[アン ヌトる]
☐☐ 276
熟・慣 そのうえ

en tout cas

[アン トゥ カ]
☐☐ 277
熟・慣 いずれにしても

engager

[アンガジェ]
☐☐ 278
動 雇用する

s'engager

代動 かかわる, 身を投じる

Marion a réfléchi : **d'un côté**, les élèves ne finissent pas leur plat, quand on prépare du lapin ; **d'un autre côté**, le rôle de la cantine d'un collège n'est pas seulement de servir des repas aux élèves, mais aussi de former leur goût. (18秋)	マリオンはこう考えました. 一方では, ウサギ料理を出すと生徒たちは残してしまいます. 他方では, 学校食堂の役割は, 生徒たちに食事を出すだけでなく, 彼らの味覚を育てることでもあるのです.
— Regardons les derniers épisodes de cette série. — D'accord. À partir **duquel** ?	—このシリーズの最後の方のエピソードを観ましょう. —了解. どれからにする?
On dit qu'il existait un dinosaure **élégant** et beau.	優美で美しい恐竜がいたそうです.
En outre, les grands-parents racontent la vie d'autrefois. (17秋)	そのうえ, 祖父母たちは昔の生活について語ります.
En tout cas, la situation où se trouve l'Europe est très difficile.	いずれにしても, ヨーロッパの置かれている状況は非常に厳しいです.
La société-mère **a engagé** un assistant financier.	親会社は, 財務アシスタントを雇用しました.
Les étudiants se montrent positifs quand il faut **s'engager** dans le bénévolat.	学生たちはボランティア活動にかかわる必要がある場合には前向きです.

★★★ 279-286 トラック46

étrange
[エトらンジュ]
□□ 279
形 奇妙な

fatigant(e)
[ファティガン(ト)]
□□ 280
形 疲れさせる

fermer
[フェるメ]
□□ 281
動 閉める

fier de ...
[フィエーる ドゥ]
□□ 282
熟・慣 ～を誇らしく思う

fleuve
[フルーヴ]
□□ 283
男 河

gaz
[ガーズ]
□□ 284
男 ガス

gêner
[ジェネ]
□□ 285
動 不快にする，困惑させる

gramme
[グらム]
□□ 286
男 グラム

Un dimanche matin, en regardant par la fenêtre de sa chambre, Chloé a aperçu un chat très **étrange**. (17秋)	ある日曜の朝，部屋の窓から見ている時，クロエは一匹のとても奇妙な猫を見かけました．
Le voyage de retour est toujours très **fatigant**.	旅の復路はいつもとても疲れます．
Le seul boulanger et la seule coiffeuse du village ont décidé de **fermer** leur boutique parce qu'ils sont tombés malades. (21春)	村でただ一つのパン屋と美容室は病気になったために店を閉めることに決めました．
Il est **fier de** ses belles maisons du 18e siècle. (21春)	村 (Il = Le village) は18世紀の美しい家々を誇らしく思っています．
Mon grand-père avait l'habitude de se promener le long du **fleuve**.	祖父は河沿いを歩く習慣がありました．
Paris veut absolument diminuer les **gaz** à effet de serre.	パリ市はぜひとも温室効果ガスを減らしたいと考えています．
Pour les enfants, le lapin est devenu un animal de compagnie et l'idée de manger du lapin les **gêne**. (18秋)	子供たちにとってウサギはペットであり，それを食べるというのは不快感を感じるのです．
Au début du 19e siècle, les Français mangeaient en moyenne 900 **grammes** de pain par jour. (11春)	19世紀初頭，フランス人は1日平均900グラムのパンを食べていました．

★★★ 287-293　トラック47

grippe
[グリップ]
□□ 287
女 インフルエンザ

grossir
[グロスィール]
□□ 288
動 太る

humain(e)
[ユマン, ユメヌ]
□□ 289
形 人間の

humain
男 人間

humide
[ユミッド]
□□ 290
形 湿気の多い

jambon
[ジャンボン]
□□ 291
男 ハム

jaune
[ジョヌ]
□□ 292
形 黄色い

là où
[ラ ウ]
□□ 293
熟・慣 〜の場所に

Des mesures de prévention ont été prises pour réduire la transmission de la **grippe**.	インフルエンザの感染を減らすために予防措置が取られました．
Les gens qui ne veulent pas **grossir** évitent de manger des frites.	太りたくない人はフライドポテトを食べるのを避けます．
La première espèce **humaine** proche de l'Homme moderne est apparue en Afrique de l'Est.	現代人に近い最初の人類は東アフリカに出現しました．
Les animaux autres que l'**humain** rêvent-ils ?	人間以外の動物も夢を見るのでしょうか？
En été, au Japon, il fait très chaud et **humide**. (14 春)	日本の夏はとても暑くて蒸し蒸しします．
Pour finir, rajoutez un œuf, puis mettez le **jambon**.	仕上げに，卵を1個加え，次にハムを入れて下さい．
Le mouvement des Gilets **jaunes** a été nommé ainsi par la couleur des gilets portés par les manifestants.	黄色いベスト運動は，デモ隊が着用するベストの色から名付けられました．
Les étudiants ont visité **là où** l'écrivain est né.	学生たちはその作家が生まれた場所を訪れました．

★★☆☆ 294-301 トラック48

large
[ラるジュ]
□□ 294
形 幅広い，大きな

lentement
[ラントマン]
□□ 295
副 ゆっくりと

maths
[マット]
□□ 296
女 (複数形) 数学

météo
[メテオ]
□□ 297
女 天気予報

mien, mienne
[ミャン, ミエンヌ]
□□ 298
代 私のそれ，私のもの

modèle
[モデル]
□□ 299
男 型，型式

monument
[モニュマン]
□□ 300
男 大建造物

mouvement
[ムヴマン]
□□ 301
男 動き

Le film documentaire a permis de toucher un **large** public.	そのドキュメンタリー映画は多くの人を感動させることができました.
Noah roule **lentement**. Il conduit en toute sécurité !	ノアはゆっくりと車を走らせます. 安全運転です！
Alors que je détestais les **maths** avant, cela fait deux ans que j'enseigne cette matière aux collégiens.	以前私は数学が嫌いだったのですが, 2年前から中学生にその科目を教えています.
Selon la **météo**, les cerisiers fleuriront plus tôt que d'habitude.	天気予報によると, 桜の開花は例年より早くなるようです.
— Ma souris est cassée. — Je te prête la **mienne**.	—マウスが壊れた. —僕のを貸してあげるよ.
Des fois, l'ancien **modèle** est meilleur que le nouveau.	時おり新型よりも旧型の方が良いことがあります.
Le Palais El Badi est un des plus beaux **monuments** historiques du Maroc.	エルバディ宮殿は, モロッコで最も美しい歴史的建造物の一つです.
À travers la danse, on apprend beaucoup sur les **mouvements** du corps.	ダンスを通して, 身体の動きについてたくさんのことが学べます.

★★☆☆ 301-307　トラック49

mouvement social

熟・慣 男 社会運動

---

nez
[ネ]
□□ 302

男 鼻

---

occuper
[オキュペ]
□□ 303

動 占める

œufs
[ウ]
□□ 304

男 (複数形) 卵

---

ordre
[オルドる]
□□ 305

男 順序

mettre de l'ordre

熟・慣 整理する

---

oser
[オゼ]
□□ 306

動 思い切って～する

---

partir de ...
[パるティーる　ドゥ]
□□ 307

熟・慣 ～を起点にする

Des millions de personnes ont soutenu le **mouvement social**.	何百万もの人々がその社会運動を支持しました.
Il s'est cassé le **nez** et les jambes. (16 春)	彼は鼻と両脚を骨折しました.
Les petites et moyennes entreprises **occupent** une place importante dans l'économie.	中小企業は経済において重要な位置を占めています.
Ils me donnent souvent du jambon et des **œufs**. (21 秋)	彼らは私によくハムと卵をくれます.
Les noms des participants sont indiqués par **ordre** alphabétique.	参加者の名前はアルファベット順に記載されています.
Thomas **met de l'ordre** dans sa chambre. (13 秋)	トマは自分の部屋を整理します.
Mais je n'**ose** pas changer de coiffure, parce que j'ai toujours eu les cheveux longs. (15 秋)	とはいえ, ずっと長髪だったので, 髪型を思い切って変えようとは思いません.
Un des quatre chemins du pèlerinage de Saint-Jacques-de-Compostelle **part de** la tour Saint-Jacques à Paris.	サンチアゴ・デ・コンポステーラへの4つの巡礼路の一つはパリのサン・ジャック塔を起点にしています.

★★☆ 308-315 トラック50

peau
[ポ]
□□ 308
女 肌

persuader
[ペるスュアデ]
□□ 309
動 説得する

petit à petit
[プティ タ プティ]
□□ 310
熟・慣 少しずつ

pharmacie
[ファるマスィ]
□□ 311
女 薬局

poli(e)
[ポリ]
□□ 312
形 礼儀正しい

portefeuille
[ポるトゥフゥイ]
□□ 313
男 財布

posséder
[ポセデ]
□□ 314
動 所有する

saisir [prendre] ... par le bras
[セジーる (プらんドる) パーる ル ブら]
□□ 315
熟・慣 〜の腕をつかむ

La **peau** du bébé est extrêmement fragile.	赤ちゃんの皮膚は非常に傷つきやすいです.
Nous avons tout fait pour **persuader** les banques d'investir de l'argent pour notre projet.	私たちのプロジェクトに資金を投資してもらえるよう、私たちはあらゆる手を尽くして銀行を説得しました.
Ambre fait des progrès en maths **petit à petit**.	アンブルは数学で少しずつ上達しています.
Il y avait un temps où il n'était pas possible d'acheter des masques à la **pharmacie**.	薬局でマスクを買うことができない時期がありました.
L'idéal, c'est d'être **poli** avec tout le monde.	理想は誰に対しても礼儀正しく接することです.
Tu as retrouvé ton **portefeuille** ? (15 春)	財布は見つかったの？
La France **possède** 49 sites classés à l'Unesco et se place au quatrième rang mondial.	フランスは49のユネスコ登録地を有し、世界第4位に位置します.
Elle **m'a saisi par le bras**.	彼女は私の腕をつかみました.

★★☆ 316-323 トラック51

prendre soin de ...

[プランドる ソワン]
316

熟・慣 ～の世話をする

profondément

[プろフォンデマン]
317

副 深く

promesse

[プろメス]
318

女 約束

tenir sa promesse

熟・慣 約束を守る

pur(e)

[ピューる]
319

形 澄んだ

ranger

[らンジェ]
320

動 整理する

recommencer

[るコマンセ]
321

動 再開する

remercier

[るメるスィエ]
322

動 感謝する

se demander

[ス ドゥマンデ]
323

代動 自問する, 疑う

Il **en prend soin** avec ses huit collègues. (11秋)	彼は8人の同僚たちとともにそれら（7頭のイルカ）の世話をしています．
Mais à un moment, j'ai remarqué devant nous un vieux monsieur qui dormait **profondément**. (20秋)	しかしある時，私たちの前にぐっすり眠っている老人がいるのに気づきました．
Vous vous rappelez notre **promesse** ?	あなたは私たちの約束を覚えていますか？
Elle **tient** toujours **sa promesse**. (13秋)	彼女はいつも約束を守ります．
L'air était **pur** et frais. (20秋)	空気は澄んでいて新鮮でした．
Il manque de la place pour **ranger** mes affaires !	身のまわりの物を片づけるためのスペースがありません！
Le bébé **a recommencé** à pleurer après trois heures de sommeil.	その赤ちゃんは3時間の睡眠の後，再び泣き始めました．
Je vous **remercie** vraiment. (18春)	本当にありがとうございます．
— Vous connaissez ces gens ? — Non. Je **me demande** qui ils sont. (21秋)	—この人たちを知っていますか？ —いいえ．誰でしょうか．

★★☆☆ 324-331　トラック52

se moquer de ...
[ス モケ ドゥ]
□□ 324

熟・慣 ～をばかにする

se parler
[ス パるレ]
□□ 325

代動 話し合う

se tromper
[ス トろンペ]
□□ 326

代動 間違える

sol
[ソル]
□□ 327

男 地面, 床

soldat
[ソルダ]
□□ 328

男 兵士

somme
[ソム]
□□ 329

女 金額

souhaiter que ...
[スエテ ク]
□□ 330

熟・慣 ～を望む, ～することを願う

＊que 以下は接続法

supposer
[スュポゼ]
□□ 331

動 推測する

Vous **vous moquez de** moi, ou quoi ?	私のことを馬鹿にしているのですか，どうなんです？
Pourquoi ils ne **se parlent** plus ?	なぜ彼らはもうお互いに話さないのでしょう？
Veillez à ne pas **vous tromper** dans le nombre de personnes.	人数を数え間違えないように注意してください．
Le chat avait dormi sur le **sol**. (17秋)	その猫は地べたで寝ていました．
Il a passé deux ans et demi à l'étranger comme **soldat**. (21春)	彼は兵士として海外で2年半を過ごしました．
Nous payons chaque année une **somme** assez importante pour l'assurance soins de longue durée.	私たちは介護保険のために毎年かなりの金額を払っています．
Je **souhaite** que vous soyez plus poli. (18春)	あなたがもっと礼儀正しくなることを望んでいます．
Tu as des cernes sous les yeux ! Tu n'as pas pu dormir hier, je **suppose** ?	目の下に隈があるよ！ 昨夜は眠れなかったんじゃないの？

★★★ 332-340 トラック53

sur moi
[スュール モワ]
□□ 332
熟・慣 身につけて

tarte
[タるト]
□□ 333
女 タルト

tiens
[ティャン]
□□ 334
熟・慣 ねえ, ほら

tomber
[トンベ]
□□ 335
動 落ちる

utile
[ユティル]
□□ 336
形 役に立つ

violent(e)
[ヴィオラン(ト)]
□□ 337
形 乱暴な, 暴力的な

voyageur, voyageuse
[ヴォワヤジュール, ヴォワヤジューズ]
□□ 338
男 女 旅行者

y compris
[イ コンプり]
□□ 339
熟・慣 〜を含む

yaourt
[ヤウるト]
□□ 340
男 ヨーグルト

Oups, désolé ! Je n'ai pas mon portefeuille **sur moi** !	おっと，すみません！ 財布が手元にないんです！
Il existe un gâteau appelé «**tarte**», qui est très différent de la tarte française.	フランスのタルトに似ても似つかない「タルト」という名のお菓子があります．
Tiens Julie ! Tu prépares ta valise ? (12 春)	あれっジュリ！ 荷造りをしているの？
Jacques a laissé **tomber** son chapeau.	ジャックは帽子を落としました．
Certains pensent que les mathématiques ne sont pas **utiles** dans la vie quotidienne.	数学が日常生活においては役に立たないと考える人たちがいます．
Aujourd'hui, beaucoup de monde pense que le manga n'est pas un genre toujours **violent**.	最近では，多くの人がマンガは常に暴力的なジャンルというわけではないと考えています．
Les **voyageurs** viennent au Japon comme avant.	以前のように旅行者たちが日本に来ています．
J'ai invité toute sa famille, **y compris** ses grands-parents. (16 秋)	私は彼の祖父母を含む家族全員を招待しました．
Traditionnellement, le **yaourt** grec est fabriqué à partir de lait de brebis.	伝統的には，ギリシャのヨーグルトは雌羊の乳から作られます．

3 よく出る動詞と活用形

動詞形	出現数	動詞形	出現数	動詞形	出現数	動詞形	出現数	動詞形	出現数
est	877	va	82	voir	46	dit	29	travailler	26
fait	145	aller	81	suis	42	habite	29	commencé	26
sont	123	ont	76	veut	38	travaille	29	peux	25
ai	113	avait	68	vais	35	prendre	28	vu	25
était	104	peut	55	faut	32	décidé	27		
faire	103	as	49	trouve	31	doit	26		

(表では出現数が 25 回以上の単語を載せています.)

- est は，877 回出てくるのですが，そのうち 207 回は，疑問を表す est-ce que，6 回は est-ce qui の中で用いられています．

  Qu'*est-ce qui* est arrivé ?（2015 秋）

- fait は，天候を表す il fait が 28 回，fait-il が 13 回，過去分詞の fait もたくさんあります．

  Quel temps *fait-il* ?（2015 春 他多数）

- ai は，j'ai「私は持っている」のほかに，複合過去形の助動詞 j'ai + 過去分詞として 70 回以上現れます．

- aller は，aller en ville「町へ行く」, aller en voiture「車で行く」, aller à la mer「海へ行く」, aller au travail「仕事に行く」, aller aux toilettes「トイレに行く」, aller chez lui「彼の家に行く」等のように，後に来る前置詞とともに覚えましょう．

  Patrice ne voulait pas du tout *aller à* l'étranger.（2011 秋）

- voir, vu は「見る」という意味だけでなく，「人に会う」の意味でも使われます．

- vais は，「行く」という意味よりも，aller + 不定詞「～するつもりです」として多く用いられています．

  Écoute. Je *vais* te dire un secret.（2011 春）

- peux は je peux と tu peux が同じくらい出てきます．

110

PARTIE 4

199 mots
341-539

過去 11 年間で頻度 1 回の語

★★★ 341-348 トラック54

à mourir
[ア　ムりーる]
熟・慣 死ぬほど
341

à présent
[ア　プれザン]
熟・慣 現在では
342

à tout de suite
[ア　トゥ　ドゥ　スュイット]
熟・慣 また後で
343

action
[アクスィオン]
女 行動
344

actuel(le)
[アクテュエル]
形 今日的な，現在の
345

actuellement
[アクテュエルマン]
副 目下，現在
346

aimable
[エマブル]
形 愛想のよい
347

ajouter
[アジュテ]
動 つけ加える
348

Le film est vraiment **à mourir** de rire !	その映画は本当に抱腹絶倒ものです！
À présent, la plupart des pays européens choisissent d'autres types d'appareil. (14秋)	現在では，ヨーロッパのほとんどの国が（放射性物質を用いない）別のタイプの装置を選んでいます．
— On se verra tout à l'heure n'est-ce pas ? — Oui, **à tout de suite** !	—また，後で会いますよね？ —はい，また後で！
Il reste à voir quelle sera l'**action** du gouvernement sur cette question.	政府がこの問題に対してどのような行動に出るかが注目されます．
La faible fécondité est l'un des problèmes **actuels** de ce pays.	少子化はこの国の今日的な問題です．
Emma est **actuellement** en congé maladie.	エマは目下，病気休暇中です．
Naturellement, être **aimable** ne signifie pas nécessairement être gentil.	当然のことながら，愛想のいいことが親切だとは限りません．
Avez-vous quelque chose à **ajouter** à votre explication précédente ?	あなたはさきほどの説明につけ加えるべきことがありますか？

★★★ 349-356 トラック55

amicalement 副 友情を込めて
[アミカルマン]
□□ 349

amitié 女 友情
[アミティエ]
□□ 350

approcher 動 近づく
[アプロシェ]
□□ 351

être attaché(e) à ...
[エトる アタシェ ア] 熟・慣 ~に愛着がある
□□ 352

au fond de ...
[オ フォン ドゥ] 熟・慣 ~の奥に, ~の底に
□□ 353

autrement 副 別な風に
[オトるマン]
□□ 354

auxquelles 代 à と lesquelles の縮約形
[オケル]
□□ 355

avant tout 熟・慣 何よりもまず
[アヴァン トゥ]
□□ 356

Les lettres à des amis peuvent se terminer par «**amicalement**».	友人への手紙は «amicalement» で締めくくることができます.
Le philosophe romain Cicéron a laissé un ouvrage magnifique «De l'**amitié**».	ローマの哲人キケローは『友情について』という素晴らしい作品を残しています.
Enfin le temps des adieux **approche**.	いよいよ別れの時が近づいています.
Personnellement, je **suis** très **attaché à** cette université.	個人的には, 私はこの大学にとても愛着があります.
Au fond de la mer, il y a des poissons de toutes les couleurs. (16 春)	海の底には, 色とりどりの魚がいます.
Iris rêve depuis toujours de vivre **autrement**.	イリスはずっと別な生き方ができればと思っています.
Raphaël pose des questions difficiles **auxquelles** on ne peut pas répondre.	ラファエルは答えられないような難しい質問をします.
Ce que j'aime **avant tout**, c'est marcher dans la nature.	私が何よりもまず好きなのは, 自然の中を歩くことです.

avantage
[アヴァンタージュ] 男 利点

avec attention
[アヴェック アタンスィオン] 熟・慣 注意して

avec difficulté
[アヴェック ディフィキュルテ] 熟・慣 やっとのことで

avoir conscience de ...
[アヴォワール コンスィアンス ドゥ] 熟・慣 〜に気づく

avoir l'impression que ...
[アヴォワール ランプれスィオン ク] 熟・慣 〜のような気がする

avoir un rapport avec ...
[アヴォワール アン らポール アヴェック] 熟・慣 〜と関係がある

bien entendu
[ビャン ナンタンデュ] 熟・慣 もちろん

bonheur
[ボヌール] 男 幸福

As-tu considéré les **avantages** et les désavantages avant de choisir ?	選ぶ前にメリットとデメリットを考えたかい？
Mais ce chien ne dort pas, il regarde **avec attention** autour de lui.	しかしその犬は眠ることなく、注意してあたりを見回しています．
Sur la neige, elle marche **avec difficulté**. (13春)	雪の上を、やっとのことで彼女は歩いています．
Sans **en avoir conscience,** nous utilisons beaucoup d'eau dans nos toilettes.	気づかないうちに、私たちはトイレで大量の水を使っています．
J'**ai** aussi **l'impression que** tu es plus calme qu'avant. (13春)	君は前よりも落ち着いている気がします．
La formation de tsunamis **a un rapport avec** les tremblements de terre.	津波の発生は地震と関係があります．
L'objectif des grèves porte, **bien entendu,** sur le rejet de la réforme des retraites.	ストライキの目的は、もちろん、年金改革案の拒絶に関係しています．
Que signifie le **bonheur** pour un couple ?	夫婦にとって幸福とは何なのでしょうか？

★☆☆☆ 365-372　トラック57

bosquet
[ボスケ]
□□ 365
男 木立

bouquin
[ブカン]
□□ 366
男 (話し言葉で) 本

bref, brève
[ブレフ, ブレーヴ]
□□ 367
形 短い

briller
[ブリィエ]
□□ 368
動 輝く

brochure
[ブろシューる]
□□ 369
女 パンフレット

ça ne m'a rien fait
[サ ヌ マ りゃン フェ]
□□ 370
熟・慣 私には関係なかった

cabinet
[カビネ]
□□ 371
男 診察室；小部屋

camion
[カミョン]
□□ 372
男 トラック

Le soleil tape sur le **bosquet**.	太陽が木立に降り注いでいます.
Dans le langage parlé, un livre est parfois appelé un «**bouquin**».	話し言葉では, 本はときおり《bouquin》と呼ばれます.
À chaque recette, Jérôme ajoute une **brève** explication du film. (15春)	各レシピに, ジェロームが映画の短い説明を添えています.
Les diamants **brillent** dans la boîte à bijoux.	宝石箱の中でダイヤモンドが輝いています.
Le musée possède une excellente **brochure**.	美術館には素晴らしいパンフレットがあります.
— C'était comment l'éclipse ? — **Ça ne m'a rien fait**.	—日食はどうだった? —私には何ともなかったよ.
La clinique ne dispose que d'un petit **cabinet** de consultation.	その医院には小さな診察室しかありません.
Tout d'abord, lorsqu'un **camion** apporte de loin des fruits et des légumes, cela produit beaucoup de gaz et c'est mauvais pour l'environnement. (15春)	まずもって, トラックが遠くから野菜や果物を運んでくると, 排気ガスがたくさん出されて, それは環境に悪いです.

★★★ 373-380 トラック58

caractère
[カらクテーる]
□□ 373
男 特徴, 個性

carnet
[カるネ]
□□ 374
男 手帳

ces jours-ci
[セ ジューる スィ]
□□ 375
熟・慣 このところ, 最近

c'est pareil
[セ パれイユ]
□□ 376
熟・慣 同じです

champ
[シャン]
□□ 377
男 分野

changement
[シャンジュマン]
□□ 378
男 変化

clairement
[クレるマン]
□□ 379
副 はっきりと

colline
[コリヌ]
□□ 380
女 丘

Les cafés sont partout les mêmes, ils n'ont pas de **caractère**. (17春)	カフェはどこも同じようなものになり、個性がありません.
Il y a eu un film célèbre intitulé «Un **carnet** de bal».	『舞踏会の手帖』という有名な映画がありました.
Ces jours-ci, on a beaucoup parlé de tremblements de terre importants en Turquie.	このところ、トルコでは大地震の話でもちきりです.
Ce n'est plus **pareil**.	もう元と同じではありません.
Le pays est à la pointe dans le **champ** de l'exploration spatiale.	その国は宇宙開発の分野において先頭を走っています.
Avez-vous remarqué des **changements** récents chez Léa ?	あなたはレアの最近の変化に気がつきましたか?
La réponse du ministre n'explique pas **clairement** les causes.	大臣の回答は原因をはっきりと説明していません.
Par crainte d'une attaque ennemie, le château a été construit sur une **colline**.	敵の攻撃を恐れて、城は丘の上に建てられました.

comme ...
[コム]
□□ 381
副 なんと〜!

commerce
[コメるス]
□□ 382
男 商売

commode
[コモッド]
□□ 383
形 便利な

confortable
[コンフォるタブル]
□□ 384
形 快適な

construction
[コンストリュクスィオン]
□□ 385
女 建設

consulter
[コンスュルテ]
□□ 386
動 閲覧する

correctement
[コれクトマン]
□□ 387
副 正確に

couvert de ...
[クヴェール ドゥ]
□□ 388
熟・慣 〜に覆われた

Comme le monde est petit !	なんと世界は小さいのでしょう！
Le **commerce** bilatéral a été affecté par des raisons politiques.	政治的な理由によって二国間の貿易に影響が出ました．
Bien sûr. J'ai trouvé un grand sac très **commode**. (12 春)	もちろん．とても便利な大きなバッグを見つけました．
L'hôtel était bien équipé et très **confortable**.	ホテルは設備がよく，とても快適でした．
La **construction** d'une nouvelle usine coûterait très cher. (19 春)	新しい工場の建設は，とてもお金がかかります．
En France, on peut facilement **consulter** des livres anciens à la bibliothèque.	フランスでは，図書館で簡単に古書を閲覧することができます．
Dans cette école, on enseigne d'abord aux élèves à sentir **correctement** les odeurs. (19 春)	この学校では，生徒たちはまず匂いを正確に嗅ぐことを教わります．
Les sommets de la montagne sont déjà **couverts de** neige en novembre.	山頂は11月にすでに雪に覆われています．

★★★ 389-395　トラック60

cuir
[キュイーる]
□□ 389
男 皮革

culturel, culturelle
[キュルテュれル]
□□ 390
形 文化的

curieux, curieuse
[キュリウ, キュリウーズ]
□□ 391
形 好奇心をそそられる

désormais
[デゾるメ]
□□ 392
副 これからは

détail
[デタイ]
□□ 393
男 細部

développé(e)
[デヴロペ]
□□ 394
形 発展した

développement
[デヴロプマン]
□□ 395
男 発達, 発展

Les chaussures en **cuir** sont belles mais difficiles à entretenir.	皮靴は美しいですが手入れが大変です.
L'entreprise a mis en place de nombreux projets **culturels**.	その企業はたくさんの文化的事業を実施しました.
Quand on est enfant, on est **curieux** de tout.	子供の頃は何にでも好奇心を持つものです.
Désormais, je m'intéresserai davantage au bénévolat.	これからは, ボランティア活動にもっと関心を持つつもりです.
Selon lui, nous devons faire attention même à de petits **détails**. (12春)	彼によれば, 我々は小さな細部にさえ注意をしなければなりません.
L'homme antique avait une vision plus **développée** que l'homme moderne.	古代人は現代人よりも視覚が発達していました.
Marion pense que la cantine d'un collège peut jouer un rôle important dans le **développement** du goût chez les enfants. (18秋)	中学校の食堂は子供たちの味覚が発達する上で重要な役割を果たすことができるとマリオンは考えています.

★★★ 396-402　トラック61

distance
女 距離

[ディスタンス]
396

doucement
副 ゆっくりと

[ドゥスマン]
397

dur
副 激しく，猛烈に

[デューる]
398

économique
形 経済的な

[エコノミック]
399

e-mail
男 メール

[イメル]
400

émotion
女 感情

[エモスィオン]
401

en arrière
熟・慣 後ろに

[アン　ナリエーる]
402

Cette voiture est adaptée aux longues **distances**.	この車は長距離を走るのに向いています.
J'ai vu l'avion descendre **doucement** vers l'aéroport.	私は飛行機が空港に向かってゆっくりと降下して行くのを見ました.
Dans l'entreprise, si vous portez une trop belle montre, vos collègues peuvent penser que vous êtes assez riche et que vous n'avez plus besoin de travailler **dur** comme eux. (12春)	会社では, あまり高級な時計をしていると, 同僚たちからあなたは金持ちだから, 彼らのように一生懸命働く必要はないんだと思われますよ.
Changer de travail dans cette mauvaise situation **économique**, ce n'est pas prudent. (11春)	こうした悪い経済状況の中で転職するのは賢明とは言えません.
Tu as reçu son **e-mail** récemment ?	最近, 彼のメールを受け取った?
Il recommande surtout de regarder avec attention les yeux du personnage pour comprendre ses **émotions**. (12秋)	彼は（吹き替えする）配役の感情を理解するために, 目をよく見ることを特に勧めています.
Quand elle a vu le serpent, Emma a fait un pas **en arrière**.	蛇を見た時, エマは後ろに一歩さがりました.

en péril
[アン ペリル]
熟・慣 危険な状態に
403

en tant que …
[アン タン ク]
熟・慣 ～として
404

en vain
[アン ヴァン]
熟・慣 無駄に
405

enchanté(e)
[アンシャンテ]
形 ～して幸いです
406

ennemi(e)
[エヌミ]
男 女 敵
407

ennuyé(e)
[アンニュイェ]
形 困惑した
408

enseignement
[アンセニュマン]
男 教育
409

entendu(e)
[アンタンデュ]
形 わかった
410

Les grèves sont devenues plus extrêmes, mettant les touristes **en péril**.	ストがさらに過激化し、観光客を危険にさらしています.
Il est connu **en tant que** voix française de Bruce Johnson. (12秋)	彼は（米俳優）ブルース・ジョンソンのフランス語の声優として知られています.
Le père essayait **en vain** de persuader sa fille.	父は娘を説得しようと試みましたが無駄でした.
Enchanté de faire votre connaissance.	お近づきになれて幸いです.
C'est l'histoire d'un héros qui se bat contre des **ennemis** terribles.	これは恐ろしい敵と戦うヒーローの物語です.
Le Premier ministre s'est montré **ennuyé** face au rejet du projet de loi.	法案が否決されたことに対して、首相は困惑した様子でした.
Les traducteurs automatiques vont transformer l'**enseignement** des langues étrangères.	自動翻訳機は外国語教育を大きく変えるでしょう.
— Alors, elle aimerait prendre des leçons avec toi. — **Entendu**. (13秋)	—それで、彼女は君からレッスンを受けたいと言ってるんだ. —わかった.

environnement

[アンヴィろヌマン]
男 環境

éprouver

[エプるヴェ]
動 感じる

espoir

[エスポワーる]
男 希望

état

[エタ]
男 状態

étonner

[エトネ]
動 驚かせる

être chargé(e) de ...

[エトる シャるジェ ドゥ]
熟・慣 ～を担当する

euh

[ウー]
間投 ええと

évident(e)

[エヴィダン(ト)]
形 明らかな

La destruction de l'**environnement** par les microplastiques atteint des niveaux importants.	マイクロプラスチックによる環境破壊は重大なレベルに達しています.
La soif arrive d'abord, mais les personnes âgées sont moins rapides à l'**éprouver**. (18秋)	喉の渇きが最初に来るのですが, 高齢者は渇きを感じるのが遅くなります.
Un pays qui n'a pas d'**espoir** en l'avenir déclinera.	将来に希望を持てない国は衰退するでしょう.
Les routes sont en mauvais **état** à cause des fortes pluies.	大雨のせいで道路はひどい状態です.
Moi, ça ne m'**étonne** pas.	私は別に驚かないですよ.
Léo **est chargé des** pays asiatiques au ministère des affaires étrangères.	レオは外務省でアジア諸国を担当しています.
— Et avec ça ? — **Euh**, un kilo de cerises, s'il vous plaît.	—他には? —ええと, サクランボを1キロお願いします.
Il est **évident** que ceux qui passent des heures devant la télé ou l'ordinateur tous les jours n'ont plus de temps pour lire.	毎日テレビやパソコンの前で何時間も過ごす人は本を読む時間がないのは明らかです.

★☆☆ 419-426　トラック64

explication
[エクスプリカスィオン]
□□ 419
女 説明

exquis(e)
[エクスキ(ーズ)]
□□ 420
形 えも言われぬ

extrêmement
[エクストれムマン]
□□ 421
副 非常に，極めて

faculté
[ファキュルテ]
□□ 422
女 学部，大学

faire sa toilette
[フェーる サ トワレット]
□□ 423
熟・慣 身づくろいする

fixer
[フィクセ]
□□ 424
動 (日時・金額などを) 決める

football
[フットボル]
□□ 425
男 サッカー

grandir
[グランディーる]
□□ 426
動 大きくなる

Le gouvernement doit fournir une **explication** adéquate qui satisfasse le peuple.	政府は国民を満足させるような十分な説明を提示しなければならない.
La pièce était remplie d'une odeur **exquise** d'encens.	その部屋にはお香のえも言われぬ香りが立ちこめていました.
Manipulez avec précaution car le contenu est **extrêmement** fragile.	中身が非常に壊れやすいので注意して扱ってください.
Je crois qu'il est professeur à la **faculté** de médecine. (18春)	彼は医学部の教授だと思います.
Pour **faire leur toilette**, les éléphants utilisent leur longue trompe.	身づくろいをするために, 象は長い鼻を使います.
Chaque banque **fixe** son propre taux d'intérêt sur les dépôts.	それぞれの銀行が預金の金利を決めています.
La France est considérée comme l'une des grandes puissances du **football**.	フランスはサッカー強豪国の一つとみなされています.
Au collège, Gabriel **a grandi** de 10 cm.	中学の時に, ガブリエルは身長が10センチ伸びました.

★☆☆ 427-434 　トラック65

gras, grasse
[グラ, グラス]
□□ 427
形 脂肪の

gravement
[グラーヴマン]
□□ 428
副 ひどく

gronder
[グロンデ]
□□ 429
動 叱る

hum
[ウム]
□□ 430
間投 ううん, ふうむ

imiter
[イミテ]
□□ 431
動 まねる

indiqué(e)
[アンディケ]
□□ 432
形 指示された

intelligence
[アンテリジャンス]
□□ 433
女 知能, 知性

jaser
[ジャゼ]
□□ 434
動 ぺちゃくちゃしゃべる

Une alimentation **grasse** n'est pas bonne pour la santé.	脂っぽい食事は健康によくありません.
Plus de 20 personnes ont été **gravement** blessées dans cet accident ferroviaire.	その鉄道事故で20名以上が重傷を負いました.
Nicolas **a été grondé** pour avoir menti. (21春)	ニコラは嘘をついたために叱られました.
Hum... Moi, je te conseille de rester à la banque. (21春)	ううん, 僕は銀行に留まることを勧めるよ.
Cet oiseau semble souvent **imiter** le langage humain.	その鳥はしばしば人の言葉をまねるみたいです.
S'ils font les exercices **indiqués**, ils auront un odorat plus développé. (19春)	指示された練習を行なえば, 彼らはより進んだ嗅覚を持つことになるでしょう.
L'**intelligence** artificielle a peut-être déjà dépassé l'homme.	人工知能 (AI) はすでに人間を凌駕しているかもしれません.
«**Jaser**» veut dire «bavarder sans fin pour dire des futilités».	《Jaser》とは「些細なことについて際限なくしゃべる」という意味です.

★☆☆ 435-442　トラック66

jeter
[ジュテ]
☐☐ 435
動 捨てる

jeunesse
[ジュネス]
☐☐ 436
女 青春時代

juger
[ジュジェ]
☐☐ 437
動 考える，判断する

lavabo
[ラヴァボ]
☐☐ 438
男 洗面台

liberté
[リベるテ]
☐☐ 439
女 自由

loi
[ロワ]
☐☐ 440
女 法

lourd(e)
[るーる, るるド]
☐☐ 441
形 重い

maigre
[メグる]
☐☐ 442
形 乏しい，痩せた

Kevin **a jeté** la lettre à la poubelle.	ケヴィンはその手紙をゴミ箱に捨てました.
Quels sont vos meilleurs souvenirs de **jeunesse** ?	青春時代の一番の思い出は何でしょうか?
La lecture reste pourtant pour la plupart des jeunes une activité qu'ils **jugent** importante. (18春)	読書は大部分の若者たちが今でも重要だと考える活動です.
«**Lavabo**» signifie «cuvette équipée d'un robinet».	《Lavabo》は「蛇口付きの洗面台」を意味します.
Quel est le prix à payer pour obtenir la **liberté** ?	自由を得るための代価とはどんなものでしょうか?
C'est pourquoi une **loi** a interdit de s'en servir dans les tribunaux. (15春)	そのために法廷でそれの (カメラの) 使用を禁止する法律が制定されました.
La valise était plus **lourde** qu'elle n'y paraissait.	そのスーツケースは見た目より重かったです.
On s'attendait à une bonne récolte, mais elle s'est avérée bien **maigre**.	豊作を見込んでいたのですが, 乏しい収穫になりました.

★☆☆ 443-450 トラック67

malheureux, malheureuse
[マルる, マルるーズ]
形 不幸な
443

manière
[マニエーる]
女 やり方
444

manuel
[マニュエル]
男 手引き
445

mémo
[メモ]
男 メモ
446

mémorandum
[メモらンドム]
男 覚書
447

moindre
[モワンドる]
形 ささいな
448

monnaie
[モネ]
女 小銭
449

mont
[モン]
男 山
450

L'aide humanitaire doit être apportée aux pays **malheureux**.	人道的援助は不幸な国々になされるべきです．
Les médias étrangers font l'éloge de la **manière** dont les spectateurs japonais respectent les joueurs.	海外メディアは日本の観客たちの選手を尊重するやり方を賞賛しています．
Vous devez lire attentivement le **manuel** avant de conduire la voiture de location.	レンタカーを運転する前はマニュアルをよく読まなければなりません．
L'entraîneur a remis aux joueurs un **mémo** pendant le match.	監督は試合中に選手たちにメモを渡しました．
Le Japon a signé un **mémorandum** sur le commerce avec ce pays.	日本はその国と貿易に関する覚書を締結しました．
(...) les clients d'aujourd'hui sont très sensibles à la **moindre** différence de prix et à la qualité des produits. (20秋)	(…) 今日の顧客は価格のわずかな違いや商品の品質にとても敏感です．
Gardez la **monnaie**.	お釣りは要りませんので．
Je ne vois pas bien le **mont** Fuji d'ici. (17秋)	ここからは富士山がよく見えません．

★★★ 451-458　トラック68

national, nationale
[ナスィオナル]
□□ 451
形 国立の

nièce
[ニエス]
□□ 452
女 姪

opération
[オペらスィオン]
□□ 453
女 手術

orage
[オらージュ]
□□ 454
男 雷雨

ordinaire
[オるディネーる]
□□ 455
形 普通の

par ailleurs
[パーる アユーる]
□□ 456
熟・慣 他の点では, ただし

passager
[パサジェ]
□□ 457
男 乗客

pauvre
[ポーヴる]
□□ 458
形 かわいそうな

Comment se débarrasser de la dette **nationale** est une question importante.	どうやって国の負債を解消するかは重要な問題です.
Désolé, le lundi, c'est le jour où je dois dîner avec ma **nièce**.	すみません，月曜日は姪っ子と食事をしないといけない日なんです.
Louise a subi une **opération** de quatre heures.	ルイーズは4時間におよぶ手術を受けました.
Avec cet **orage**, il vaut mieux rester à l'hôtel.	この嵐だと，ホテルにいるほうがいいでしょう.
Combien d'heures par semaine un travailleur **ordinaire** travaille-t-il dans ce pays ?	この国では普通の労働者は週に何時間働くのですか?
La thèse n'est pas mal structurée sur le plan logique, mais **par ailleurs** manque d'originalité.	博士論文は，論理構成の面では悪くないですが，ただし独創性が欠けています.
L'histoire commence avec la disparition de ce **passager**.	物語はその乗客が消えたところから始まります.
Pauvre enfant ! Qu'est-ce qui t'arrive ?	（子供に）かわいそうに！いったいどうしたの?

★★★ 459-466 トラック69

pêche
[ペシュ]
☐☐ 459
女 釣り

pénible
[ペニブる]
☐☐ 460
形 つらい

période
[ぺりオッド]
☐☐ 461
女 期間

photographier
[フォトグらフィエ]
☐☐ 462
動 写真を撮る

pire
[ピーる]
☐☐ 463
形 より悪い

plier
[プリエ]
☐☐ 464
動 折る

pot
[ポ]
☐☐ 465
男 壺

pour ainsi dire
[プーる アンスィ ディーる]
☐☐ 466
熟・慣 いわば

Jean est parti à la **pêche** avec un ami. (19春)	ジャンは友達と釣りに出かけました．
Il m'est **pénible** de voir des maisons brûler dans l'incendie de forêt.	私は山林火災の中で家が焼けるのを見るのがとてもつらいです．
On organise une chose spéciale à cette **période**.	この期間に特別なことを計画しています．
Lina **photographie** ses voisins dans son studio.	リナはスタジオで近所の人たちを撮影しています．
La nouvelle est encore **pire** que ce que l'on craignait.	知らせは心配していたよりもさらに悪い内容です．
Voulez-vous **plier** cette feuille en quatre ? (18秋)	この紙を4つ折りにしてもらえますか？
Il y avait des **pots** de peinture verte tombés par terre. (17秋)	緑色のペンキの壺が地面に落ちていました．
Certains sont morts avec le Covid, mais on ne meurt **pour ainsi dire** plus du Covid.	コロナに罹って亡くなる人はいますが，いわばコロナが原因で亡くなる人はもういません．

★★★ 467-474 トラック70

pour cent
[プール サン]
□□ 467
熟・慣 パーセント

poussière
[プスィエール]
□□ 468
女 ほこり

pratiquer
[プらティケ]
□□ 469
動 (スポーツなどを) する

préféré(e)
[プれフェれ]
□□ 470
形 お気に入りの

préparation
[プれパらシオン]
□□ 471
女 準備

prêter
[プれテ]
□□ 472
動 貸す

prévenir
[プれヴニール]
□□ 473
動 予防する

profond(e)
[プろフォン(ド)]
□□ 474
形 深い

Oui, mais l'examen est si difficile que seulement cinq ou six **pour cent** des candidats réussissent. (11秋)	はい，ですが試験は非常に難しく，受験者の5，6パーセントしか合格しません．
Dans sa chambre, il y a de la **poussière** partout !	彼の部屋は，どこもかしこもほこりだらけです！
Ils recommandent de le **pratiquer** plutôt à 9h le matin, ou bien le soir à partir de 19h. (18秋)	彼ら（医師たち）はむしろ朝9時あるいは夜19時からスポーツすることを推奨しています．
Si vous deviez choisir une chanson **préférée**, quel serait son titre ?	お気に入りの歌を一つあげるとしたら，何というタイトルですか？
Après un an de **préparation**, Inès a donné un concert de violon.	1年間の準備期間を経て，イネスはバイオリンコンサートを開催しました．
Sacha a hésité à **prêter** sa moto à son fils.	サシャは自分のバイクを息子に貸すことをためらいました．
Pour **prévenir** la déshydratation, il faut mettre un chapeau ou une casquette, rester à l'ombre, préférer des vêtements clairs et, surtout, boire de l'eau. (18秋)	脱水症状を防ぐには，帽子やキャップをかぶり，日陰にいて，明るい色の服を着て，なによりも水を飲むことです．
La baie de Tokyo est beaucoup plus **profonde** qu'on ne l'imaginait.	東京湾は想像していたよりもずっと深いです．

★★★ 475-482 トラック71

prononcer
[プロノンセ]
□□ 475
動 発音する

propre
[プロプる]
□□ 476
形 清潔な

propriétaire
[プロプリエテーる]
□□ 477
男 女 所有者

protéger
[プロテジェ]
□□ 478
動 保護する

puisque
[ピュイスク]
□□ 479
接 〜であるから

punir
[ピュニーる]
□□ 480
動 罰する

quart
[カーる]
□□ 481
男 4 分の 1；15 分

queue
[ク]
□□ 482
女 列，行列

Les étudiants ont du mal à **prononcer** les voyelles françaises.	学生たちはフランス語の母音を発音するのに苦労します.
Paris n'est pas une ville **propre** !	パリは清潔な町ではありません！
Le nouveau **propriétaire** de l'île inhabitée est une jeune femme chinoise.	その無人島の新しい所有者は若い中国人女性です.
Elle fait régulièrement un don pour **protéger** les animaux en péril. (13春)	彼女は危険にさらされている動物たちを保護するために, 定期的に寄付をしています.
Vous buvez de la bière **puisque** vous venez de Belgique ?	ビールは飲まれますよね, ベルギーのご出身だから？
Nathan **a été** sévèrement **puni** pour avoir abusé de l'argent de la société.	ナタンは会社のお金を不正使用したために厳しく罰せられました.
Rendez-vous à l'entrée du métro à huit heures moins le **quart** ce soir.	今晩, メトロの入口で7時45分に会いましょう.
Il y a une longue **queue** devant le musée d'Orsay.	オルセー美術館の前には長い列ができています.

★★★ 483-490 トラック72

ravi(e)
[らヴィ]
□□ 483
形 大喜びの

réapparaître
[れアパれトる]
□□ 484
動 再び現れる

redécouvrir
[るデクヴりーる]
□□ 485
動 再発見する

redonner
[るドネ]
□□ 486
動 取り戻させる

refaire
[るフェーる]
□□ 487
動 もう一度やる，やり直す

règle
[れグル]
□□ 488
女 規則

religion
[るリジオン]
□□ 489
女 宗教

remettre
[るメットる]
□□ 490
動 (もとの場所に) 再び置く

La plupart des invités étaient **ravis**, mais certains n'étaient pas contents du repas. (14春)	ほとんどのお客様は喜んでいましたが，中には食事に不満のある人もいました．
Le lendemain, quand Chloé se promenait dans le quartier avec son mari, ce chat **a réapparu**. (17秋)	翌日，クロエが夫とその界隈を散歩していると，あの猫が再び現れました．
Il est absolument nécessaire de prendre des mesures pour faire **redécouvrir** le goût du lait. (16秋)	牛乳の味を再発見してもらうための措置が絶対必要です．
Léon a développé de nouveaux produits pour **redonner** confiance aux clients.	レオンは顧客に信頼を取り戻してもらうために新商品を開発しました．
Nina et Zoé aimeraient **refaire** un voyage en Italie.	ニナとゾエはもう一度イタリア旅行をしたいと思っています．
«La **Règle** du jeu» est l'un des films les plus connus de Jean Renoir.	『ゲームの規則』はジャン・ルノワール監督の代表作の一つです．
Mehmet ne mange pas de porc à cause de sa **religion**.	メメットは宗教が原因で豚肉を食べません．
Eva **a remis** son bébé dans le berceau.	エヴァは赤ん坊をもとの揺りかごに置きました．

★☆☆☆ 491-498 トラック73

remplir
[らンプリーる]
491
動 満たす

renseignement
[らンセニュマン]
492
男 情報

repos
[るポ]
493
男 休息

responsable
[れスポンサブル]
494
男 女 責任者

réussite
[れユスィット]
495
女 成功

réveiller
[れヴェイェ]
496
動 起こす

rien à faire
[りゃン ナ フェーる]
497
熟・慣 するべきことは何もない

saint(e)
[サン(ト)]
498
形 聖なる

491-498 ★★★★

L'enceinte de confinement du réacteur doit **être remplie** d'eau pour être protégée.	原子炉の格納容器が保護されるためには水で満たされる必要があります.
Que vous faut-il comme **renseignement** ? (14秋)	どのような情報が必要ですか？
Il vous faut un peu de **repos**.	あなたには少し休息が必要です.
Marius est **responsable** syndical de cette société.	マリウスはこの会社の労働組合の責任者です.
Les parents sont contents de la **réussite** de leur fils au concours d'entrée à l'université.	両親は息子が大学入試に合格したことを喜んでいます.
Le petit chat blanc **a réveillé** Marie ce matin. (11秋)	小さな白い猫が今朝マリーを起しました.
Il ne vous reste **rien à faire**.	あなたはやり残していることは何もありません.
En 1882, celui du **Saint**-Gothard a ouvert. (11秋)	1882年, 聖ゴッタルド（峠）のそれ（トンネル）が開通しました.

sans cesse

[サン セス]
□□ 499

熟・慣 絶えず, 休みなく

sauter sur ...

[ソテ スューる]
□□ 500

熟・慣 ～に飛びかかる

sauvage

[ソヴァージュ]
□□ 501

形 野生の

sauver

[ソヴェ]
□□ 502

動 救う

se disputer

[ス ディスピュテ]
□□ 503

代動 口論する

se rendre à ...

[ス らンドる]
□□ 504

熟・慣 ～へ行く, 赴く

se taire

[ス テーる]
□□ 505

代動 黙る

se tourner

[ス トゥるネ]
□□ 506

代動 (～の方を) 向く

s'élever

[セルヴェ]
□□ 507

代動 上がる

Le navire envoie **sans cesse** des signaux de détresse.	その船は絶えず遭難信号を送り続けています.
Le chien **a sauté sur** moi.	犬が私に飛びかかりました.
L'île est un paradis pour les animaux **sauvages**.	その島は野生動物たちにとって楽園です.
Les services d'urgence ont tout fait pour **sauver** les blessés.	救急隊は負傷者を救うために手を尽くしました.
Je ne comprends pas pourquoi ils **se disputent**.	私にはなぜ彼らが言い合いをしているかわかりません.
Le maire **s'est rendu au** collège de Marion la semaine dernière. (18秋)	先週, 市長はマリオンの中学校へ行きました.
Pourriez-vous **vous taire** un peu ?	しばらく黙っていただけないでしょうか?
L'économie mondiale **se tourne** à nouveau vers une économie de bulles.	世界経済は再びバブル経済の方に向かっています.
Après l'accident, de la fumée noire **s'élève** dans le ciel.	事故の後, 黒い煙が空に立ち上っています.

★☆☆ 508-515 トラック75

s'ennuyer
[サンニュイエ]
□□ 508
代動 退屈する

sens
[サンス]
□□ 509
男 方向

sérieusement
[セリユーズマン]
□□ 510
副 本気で

si vous voulez
[スィ ヴ ヴレ]
□□ 511
熟・慣 もしよければ

s'inscrire
[サンスクリーる]
□□ 512
代動 登録する

être situé(e)
[エトる スィテュエ]
□□ 513
熟・慣 位置する

sombre
[ソンブる]
□□ 514
形 暗い

souffrir de ...
[スフリーる ドゥ]
□□ 515
熟・慣 〜で苦しむ

La conférence est trop longue et tout le monde semble **s'ennuyer**.	講演が長すぎてみんな退屈しているようです.
Les prix des actions évoluent dans le **sens** prévu.	株価は予想していた方向に進んでいます.
L'anglais me suffit pour le travail, mais je pense **sérieusement** apprendre le chinois. (17春)	仕事のためには英語で十分ですが, 中国語を勉強しようと本気で考えています.
Si vous le **voulez** bien, je vais tout d'abord me présenter. (17秋)	もしよければ, まず自己紹介をさせていただきます.
Quand puis-je **m'inscrire** à des cours universitaires ?	大学の授業にはいつ登録できるのでしょうか?
Sa boutique **est située** dans un quartier touristique. (11春)	彼の店は観光地区にあります.
La pièce est trop **sombre** pour lire un livre.	部屋が暗すぎて本を読むことができません.
Une de ses amies, Marie, **souffrait d'**une grave maladie, qui rendait sa peau extrêmement fragile. (16春)	友人の一人であるマリーは, 重い病気で苦しんでいて, 皮膚が非常に弱くなっていました.

★★★ 516-524 トラック76

sourire
[スりーる]
516
動 微笑む

supérieur(e) à ...
[スュペりゥーる ア]
517
熟・慣 〜より上の

sur commande
[スューる コマンド]
518
熟・慣 注文に応じて

talent
[タラン]
519
男 才能

tant mieux
[タン ミユ]
520
熟・慣 それはよかった

tant pis
[タン ピ]
521
熟・慣 それは残念

tel(le)
[テル]
522
形 そのような

tendre
[タンドる]
523
形 柔らかい，優しい

tenez
[トゥネ]
524
熟・慣 どうぞ，ほら

Ma grand-mère **souriait** tout le temps.	祖母はいつも微笑んでいました.
La valeur de l'euro est **supérieure à** ce qu'elle était il y a deux ans.	ユーロの価値は2年前よりも高いです.
C'est avant tout d'être capable de préparer chaque jour des dizaines de plats **sur commande**. (13春)	何よりも, (料理人というのは) 毎日何十種類もの料理を注文に応じて準備することができるのです.
Robin n'a aucun **talent** pour le sport.	ロバンはスポーツには全然才能がありません.
— J'ai réussi à trouver un emploi ! — **Tant mieux** !	—就職先を見つけられた! —そりゃよかったね!
Tant pis ! On va voir un film, alors.	そりゃ残念. じゃあ映画でも観ましょう.
Personne ne sera convaincu par une **telle** explication du Président.	大統領のそのような説明には誰も納得しないでしょう.
Le steak Wagyu est bien **tendre**.	和牛 (Wagyu) ステーキはとても柔らかいです.
— Mes ciseaux sont cassés. — **Tenez**, utilisez les miens. (18秋)	—ハサミが壊れました. —どうぞ, 私のを使ってください.

★★★ 525-532 トラック77

tien, tienne
[ティャン, ティエンヌ]
525
代 君のもの

toit
[トワ]
526
男 屋根

tomber amoureux
[トンベ アムる]
527
熟・慣 恋をする

touristique
[トゥリスティック]
528
形 観光の

tout d'un coup
[トゥ ダン ク]
529
熟・慣 突然に

toutefois
[トゥットフォワ]
530
副 それでも

transport
[トランスポーる]
531
男 運搬

travailleur, travailleuse
[トらヴァイユーる, トらヴァイユーズ]
532
男 女 労働者

— Prête-moi ta voiture, s'il te plaît. — Pourquoi ? La **tienne** est en panne ? (16春)	—車貸してくれる? —なんで? 君のは故障したの?
L'Himalaya est connu comme le **toit** du monde.	ヒマラヤ山脈は世界の屋根として知られています.
Gisèle a avoué qu'elle **est tombée amoureuse**.	ジゼルは恋をしてしまったことを告白した.
Le stationnement doit être interdit dans les quartiers **touristiques**.	観光地区では駐車は禁止するべきです.
Mais un chien est arrivé devant lui **tout d'un coup**. (16春)	しかし彼の前に突然, 一匹の犬が現れました.
J'ai sommeil, **toutefois** je dois terminer ce devoir.	眠いけれど, それでも私はこの宿題を終わらせなければなりません.
Le **transport** des objets de valeur est assuré.	貴重品の運搬には保険がかけられています.
La plupart de ses clients étaient des habitants du quartier ou des **travailleurs** de la grande usine proche. (20秋)	大部分の顧客は, 地区の住民たちあるいは近くの大きな工場の労働者たちです.

★☆☆☆ 533-539　トラック78

trop ... pour +不定詞
[トロ　プーる]
□□ 533
熟・慣 あまりに ... なので

univers
[ユニヴェーる]
□□ 534
男 世界；宇宙

valeur
[ヴァルーる]
□□ 535
女 価値

vide
[ヴィッド]
□□ 536
形 空(から)の

vitrine
[ヴィトリンヌ]
□□ 537
女 ショーウインドー

vol direct
[ヴォル ディれクト]
□□ 538
熟・慣 男 直行便

voleur, voleuse
[ヴォルーる, ヴォルーズ]
□□ 539
男 女 泥棒

voleur, voleuse à l'étalage
男 女 万引き犯

Lucas est **trop** fatigué **pour** aller travailler.	リュカはとても疲れていて仕事に行けません.
Ce phénomène naturel est présent dans l'**univers** entier.	この自然現象は世界中で見られます.
Peu de gens peuvent apprécier la **valeur** réelle de ce livre.	この本の真の価値を評価できる人はわずかしかいません.
Il est préférable d'éviter autant que possible les données **vides** dans l'analyse statistique.	統計分析においてはできるだけ空のデータを避ける方がいいです.
Des casseurs en grève ont brisé les **vitrines** de ce magasin.	ストでの暴徒たちはその店のショーウインドーを破壊しました.
C'est un **vol direct** ?	これは直行便ですか?
Louis a attrapé un **voleur** à l'étalage.	ルイは万引き犯を取り押さえました.

索 引

A

abandonné(e)	36
absolument	18
à côté de ...	12
action	112
actuel(le)	112
actuellement	112
adapter	84
admirer	22
agent de police	66
ailleurs	48
aimable	112
aimer +不定詞	22
air	36
ajouter	112
à la main	2
aller	8
aller +不定詞	8
aller mieux	20
à l'ombre	48
amicalement	114
amitié	114
à mourir	112
an	2
annoncer	84
à partir de ...	66
apercevoir	36
apparaître	66
approcher	114
appuyer sur	86
à présent	112
arriver	20
arriver à +不定詞	20
artiste	66
à son retour	58
à tout de suite	112
à travers	84
au coins des rues	86
au contraire	18
au fait	36
au fond de ...	114
au pied de ...	66
auquel	48
automne	38
autrement	114
auxquelles	114
avancer	38
avantage	116
avant tout	114
avec attention	116
avec difficulté	116
avec passion	44
avenir	22
avocat(e)	48
avoir conscience de ...	116
avoir de la chance de +不定詞	66
avoir le droit de +不定詞	40
avoir l'impression que ...	116
avoir l'intention de +不定詞	50
avoir mal au cœur	86
avoir un rapport avec ...	116
à vrai dire	84

B

baisser	66
banque	14
beaucoup	68
bête	86
bien	8
bien entendu	116
bien que	30
bière	68
blessé(e)	86
bonheur	116
bosquet	118
boucherie	68
bouger	86
bouquin	118
bref, brève	118
briller	118
brochure	118

C

ça arrive	20
cabinet	118
cacher	68
ça dépend	68
cahier	68
calme	68
calmer	88
ça m'est égal	68
camion	118
ça ne m'a rien fait	118
car	10
caractère	120
carnet	120
ça suffit	26
ça y est	86
célèbre	30
celui +関係代名詞	14
celui / ceux +関係代名詞	14
ce n'est pas ma faute	72
ce [il] n'est pas prudent	58
centaine	50
centre	38
cependant	20
ces derniers temps	88
ces jours-ci	120
cesser	70
c'est ainsi que	50
c'est entendu	50
c'est incroyable !	56
c'est pareil	120

chacun(e)	38
champs	120
changement	120
chemin de fer	70
chéri(e)	88
chez	22
chose	4
clairement	120
client(e) fidèle	54
Clignancourt	88
collège	22
collègue	8
colline	120
commander	30
comme	16
comme ...	122
commerce	122
commode	122
condition	88
confiance	70
confortable	122
congé	50
connaissance	50
construction	122
construire	30
consulter	122
copain, copine	50
correctement	122
côté	88
couleur	52
cour (d'école)	70
couvert de ...	122
craindre	70
croissant	38
cuir	124
cultivé(e)	88
culture	38
culturel, culturelle	124
curieux, curieuse	124

D

danger	70
danseur, danseuse	38
dans la matinée	52
dans le monde entier	52
d'aujourd'hui	40
décider	4
décider de +不定詞	4
décider de +名詞	4
déclarer son amour à ...	90
de fait	90
dehors	72
délicieux, délicieuse	72
demander	72
de moins en moins	30
d'entre +人称代名詞	30
de plus	22
de plus en plus	16
déranger	90
désirer	90
désormais	124
dessin	90
détail	124
de temps en temps	20
développé(e)	124
développement	124
distance	126
divers(e)	52
donner	10
donner sur ...	10
dos	24
doucement	126
douleur	90
douter	30
droit	40
d'un côté ..., d'un autre côté...	92
duquel	92
dur	126

E

économique	126
également	40
élégant(e)	92
e-mail	126
emmener	12
émotion	126
en arrière	126
en ce moment	52
enchanté(e)	128
encore	40
en fait	30
engager	92
en groupe	32
enlever	24
ennemi(e)	128
ennuyé(e)	128
en outre	92
en paix	78
en panne	52
en partie	58
en péril	128
en plus	24
enseignement	128
en silence	60
en tant que	128
entendu(e)	128
entier, entière	52
en tout cas	92
entrée	32
entrée libre	32
entrer	18
en vain	128
environnement	130
épicerie	32
éprouver	130
espoir	130
état	130
étonner	130
étrange	94
être attaché(e) à ...	114
être chargé(e) de ...	130
être hors de danger	72
être situé(e)	154
être sûr (de / que)	48
étude	52
euh	130
évident(e)	130

éviter de +不定詞	54
exactement	24
exister	72
explication	132
exquis(e)	132
extérieur	72
extrêmement	132

F

faculté	132
faire	8
faire +不定詞	8
faire confiance à ...	70
faire connaissance avec ...	50
faire du bien (à ...)	10
faire sa toilette	132
faire une promenade	54
fatigant(e)	94
faute	72
fermé(e)	32
fermer	94
fidèle	54
fier de ...	94
fièvre	54
fixer	132
fleuve	94
football	132
former	74
fort	54
fruit	18
fruits de mer	18

G

gaz	94
gêner	94
généralement	40
genre	32
gorge	40
goût	24
grain	74
gramme	94
grand(e)	12
grande partie	56
grandir	132
gras, grasse	134
gratuit(e)	32
gravement	134
grippe	96
gronder	134
grossir	96
groupe	32
guerre	34
guide	40

H

habitant(e)	34
héros	74
hum	134
humain	96
humain(e)	96
humide	96

I

il manque	12
il vaut mieux que	20
imiter	134
immeuble	54
incroyable	54
indiqué(e)	134
inquiet, inquiète	56
installer	56
intelligent(e)	74
intelligence	134
interdit(e)	56
inutile	34
invitation	56
invité(e)	74

J

jambon	96
jaser	134
jaune	96
jeter	136
jeunesse	136
juger	136

K

kilomètres	34

L

là où	96
large	98
l'autre jour	74
lavabo	136
lecture	22
lentement	98
liberté	136
loi	136
lorsque	74
lourd(e)	136
lui-même	46
lutter	74

M

magazine	76
maigre	136
malgré	18
malgré cela	18
malgré moi	18
malheureusement	16
malheureux, malreureuse	138
manière	138
manquer à ...	12
manquer de ...	12
manuel	138
maths	98
méchant(e)	76
médecine	76
même	6
mémo	138
mémorandum	138
mener	42
mentir	76
météo	98
mettre de l'ordre	100
mien, mienne	98
mince	76
modèle	98
moindre	138

monde	16
monnaie	138
mont	138
monument	98
mouvement	98
mouvement social	100
moyen	42

N

naissance	76
national, nationale	140
naturel(le)	76
ne cesser de +不定詞	70
neiger	78
nez	100
nièce	140
noir(e)	16
nombre	22
non plus	42
nulle part	42

O

objet	78
obtenir	78
occuper	100
odeur	56
œufs	100
on dit que	42
opération	140
orage	140
ordinaire	140
ordre	100
oser	100
ou	42
ouest	78

P

paix	78
par ailleurs	140
par an	26
par contre	44
parfaitement	78
par jour	24
parler de ...	6
partie	56
partir de ...	100
passager	140
passer	4, 6
passion	44
patience	26
pâtissier, pâtissière	44
patron	26
pauvre	140
paysage	34
peau	102
pêche	142
peindre	26
pénible	142
période	142
persuader	102
petit à petit	102
pharmacie	102
pharmacien, pharmacienne	34
photographier	142
pianiste	44
pire	142
plaire	6
plan	78
plier	142
plus de +数詞	4
plus de +名詞	4
poids	78
poli(e)	102
portefeuille	102
posséder	102
pot	142
pour ainsi dire	142
pour cela	44
pour cent	144
pour le moment	44
poussière	144
pratique	44
pratiquer	144
ordinateur	34
préféré(e)	144
prendre	2
prendre A pour B	2
prendre sa retraite	14
prendre soin de ...	104
prendre un verre	46
préparation	144
prêter	144
prévenir	144
printemps	20
produire	58
profession	46
profiter de +名詞	80
profond(e)	144
profondément	104
progrès	80
promesse	104
prononcer	146
proposer	80
propre	146
propriétaire	146
protéger	146
prudent(e)	58
puisque	146
punir	146
pur(e)	104

Q

quart	146
quelque chose	16
quelque part	80
queue	146

R

ranger	104
rapidement	80
ravi(e)	148
réapparaître	148
recommencer	104
reconnaître	26
redécouvrir	148
redonner	148
refaire	148
règle	148
régulièrement	34
religion	148

remercier	104	sérieusement	154	tenir	6
remettre	148	se taire	152	tenir à	6
remplir	150	se tourner	152	tenir sa promesse	104
renseignement	150	se tromper	106	tête	24
repos	150	se trouver	6	TGV	82
respecter	46	si bien que	10	tien, tienne	158
responsable	150	siècle	82	tiens	108
réussite	150	silence	60	toilettes	82
retour	58	s'inscrire	154	toit	158
retraite	14	s'installer	60	tomber	108
réunion	80	situation	82	tomber amoureux	158
réveiller	150	si tu veux	36	toucher	82
rien à faire	150	si vous voulez	154	touristique	158
rien de spécial	36	sol	106	tous les +名詞	16
risquer	46	soldat	106	tout à fait	24
risquer de …	46	sombre	154	tout d'abord	60
		somme	106	tout de suite	8
S		son temps	82	tout d'un coup	158
s'adapter	84	souffrir de …	154	toutefois	158
saint(e)	150	souhaiter que …	106	tout le monde	48
saisir [prendre] … par		sourire	156	tranquillement	62
le bras	102	spécial(e)	36	transport	158
salle de séjour	46	succès	10	travailleur, travailleuse	
sans cesse	152	suffire	26		158
s'appuyer contre	86	suivre	82	trop … pour +不定詞	
sauter sur …	152	supérieur(e) à …	156		160
sauvage	152	supposer	106	trouver	12
sauver	152	sûr(e)	46	trouver que …	14
sciences naturelles	76	sur commande	156		
se connaître	58	sur moi	108	**U**	
se casser	80	surprise	60	univers	160
se décider	80			un jour	16
se demander	104	**T**		utile	108
se disputer	152	taille	48		
se faire	58, 60	talent	156	**V**	
séjour	46	tandis que	60	valeur	160
s'élever	152	tant mieux	156	vas-y	62
se moquer de …	106	tant pis	156	venir +不定詞	14
s'engager	92	tarte	108	vide	160
s'ennuyer	154	tel(le)	156	vie quotidienne	84
sens	154	télé	82	vif, vive	84
se parler	106	temps	82	violent(e)	108
se passer	26	tendre	156	vitrine	160
se rendre à …	152	tenez	156	vol direct	160

voleur, voleuse	160	voyageur, voyageuse		**Y**	
vouloir dire	48		108	yaourt	108
vous désirez	90	vue	84	y compris	108

編著者紹介

川口 裕司 (かわぐち ゆうじ)

1958年生まれ．言語学博士．東京外国語大学言語文化学部長，外国語教育学会会長を歴任．東京外国語大学名誉教授．
著書：『初級トルコ語のすべて』(IBCパブリッシング，2016)
『デイリー日本語・トルコ語・英語辞典』(三省堂，2020)
『仏検準1級準拠 [頻度順] フランス語単語集』(小社刊，2021)
『映画に学ぶ英語』(教育評論社，2022)
『仏検3級準拠 [頻度順] フランス語単語集 (二訂版)』(小社刊，2022)
『仏検4級・5級準拠 [頻度順] フランス語単語集』(小社刊，2023)
『仏検2級準拠 [頻度順] フランス語単語集 (二訂版)』(小社刊，2024)
『ゼロから話せるフランス語 新装版』(三修社，2024)
『モジュールで身につくトルコ語』(東京外国語大学出版会，2024)
『映画に学ぶフランス語』(教育評論社，2024)

國末 薫 (くにすえ かおる)

1996年生まれ．東京外国語大学大学院博士後期課程．

フランス語校閲・録音

シルヴァン・ドゥテ (Sylvain DETEY)

1978 年生まれ．言語学博士．早稲田大学国際教養学部教授．

著書： *Savons-nous vraiment parler? Du contrat linguistique comme contrat social* (Armand Colin, 2023)

『フランコフォンの世界．コーパスが明かすフランス語の多様性』(三省堂，2019)

Varieties of Spoken French (Oxford University Press, 2016)

La prononciation du français dans le monde: du natif à l'apprenant (CLE international, 2016)

Les variétés du français parlé dans l'espace francophone. Ressources pour l'enseignement (Ophrys, 2010)

仏検準2級準拠［頻度順］フランス語単語集

2024年10月1日　初版発行

編著者　　川　口　裕　司
　　　　　國　末　　　薫
発行者　　上　野　名保子
製版・印刷・製本　　㈱フォレスト
発行所　　㈱ 駿河台出版社
〒101-0062　東京都千代田区神田駿河台3の7
電話 03(3291)1676番／FAX 03(3291)1675番
info@e-surugadai.com
http://www.e-surugadai.com

ISBN 978-4-411-00572-4 C1085

JCOPY ＜(社)出版者著作権管理機構 委託出版物＞

本書の無断複写は，著作権法上での例外を除き，禁じられています．複写される場合は，そのつど事前に，(社)出版者著作権管理機構（電話 03-5244-5088，FAX 03-5244-5089，e-mail: info@jcopy.or.jp）の許諾を得てください．